SAINT-PATRICE

(BARON HARDEN HICKEY)

LA
THÉOSOPHIE

OUVRAGE

ORNÉ DE NOMBREUSES GRAVURES

PARIS

L. SAUVAITRE, ÉDITEUR

LIBRAIRIE GÉNÉRALE

72, BOULEVARD HAUSSMANN, 72

THÉOSOPHIE

DU MÊME AUTEUR

ÉMILE COLIN. — IMP. DE LAGNY.

SAINT-PATRICE

(BARON HARDEN HICKEY)

LA
THÉOSOPHIE

OUVRAGE

ORNÉ DE NOMBREUSES GRAVURES

PARIS

L. SAUVAITRE, ÉDITEUR

LIBRAIRIE GÉNÉRALE

72, BOULEVARD HAUSSMANN, 72

1890

PROLÉGOMÈNES

Vous êtes arrivé, et peut-être depuis assez longtemps, à l'âge d'homme; vos parents n'ont rien négligé pour vous armer de toutes les connaissances qui conviennent à un seigneur de votre rang. Vous avez eu, dans toutes les branches de la science humaine qu'il est d'usage d'inculquer aux jeunes gens, les meilleurs professeurs, et vous vous croyez sans doute justifié en pensant qu'il ne vous reste plus qu'à vous servir, pour les besoins de la vie, de tout ce que vous avez appris !

Vous êtes né en France d'une famille aristocratique ou bourgeoise et, presque sûrement, catholique. Les influences qui ont présidé à votre éducation ont dû naturellement se ressentir de cette double origine. Votre cas, loin d'être isolé, est même la règle générale. Né dans un autre pays ou dans d'autres conditions, vous eussiez été élevé dans un autre milieu et dans un autre ordre d'idées, et on vous aurait probablement appris à juger défavorablement les choses qui vous sont aujourd'hui les plus chères.

Jusqu'à ce moment, vous avez peut-être bien fait de suivre le courant : c'était le parti le plus sage à prendre ; mais à présent il me semble que votre devoir vous trace l'obligation de vous instruire vous-même, et de soumettre à l'analyse d'un cerveau froid et sans parti pris les connaissances et croyances qui constituent votre bagage intellectuel. Il s'agit en un mot de passer au tamis de votre raison les vérités et théories scientifiques et religieuses que vous avez acceptées sans autres preuves que l'autorité de vos maîtres.

Avouez franchement qu'il n'est pas digne d'un homme d'admettre niaisement la vérité d'une proposition s'il ne peut produire l'évidence qui justifie pleinement sa certitude.

La doctrine contraire, qui a régné tyranniquement sur le monde jusqu'en ces derniers temps, est immorale au suprême degré et toute notre réprobation doit s'attacher aux hommes qui avancent qu'il est des propositions que nous devons croire sans témoignage logique suffisant.

Je vous engage donc à suspendre votre

décision concernant les questions religieuses, scientifiques et politiques que l'on vous a présentées sous un jour favorable dans le but de biaiser votre jugement, et d'obtenir par la ruse et la supercherie votre consentement à des doctrines que votre raison, pleinement éclairée, eut peut-être rejetées.

Remarquez bien que je ne vous demande pas de considérer comme faux tout ce qu'on vous a enseigné! Bien loin de là ma pensée mon but est tout contraire et n'a d'autre objet que de vous inciter à juger par vous-même, en toute liberté, et de formuler ensuite vos convictions sans la moindre contrainte, obéissant seulement aux ordres impérieux de votre raison.

L'étendue de la région de l'incertain et le nombre de problèmes dont l'investigation se termine généralement par un point d'interrogation, variera selon vos goûts. Mais il est certainement des questions essentielles qu'il vous faudra élucider, et c'est pour vous faciliter ce travail et vous indiquer le chemin qu'il faut suivre que j'écris ces pages.

Je prends comme point de départ que le plus haut but dans la vie doit être non la possession de la *foi*, mais la préhension de la *vérité*.

Les six premiers chapitres du volume sont consacrés aux données scientifiques; les six derniers aux données théosophiques.

J'entre sans autre préambule dans mon sujet qui, sous le titre général de THÉOSOPHIE, étudiera les questions qui doivent vous toucher de très près.

Je dois ajouter, cependant, qu'en mettant cet ouvrage sous les yeux du public, je n'ai nullement eu la prétention d'offrir une œuvre originale; le sujet même s'y oppose, du reste. J'ai résumé en ces lignes, de la manière la plus succincte, la lecture d'un grand nombre de volumes, dont la nomenclature remplirait plusieurs pages. Je tiens cependant à citer les auteurs dont les ouvrages m'ont été les plus utiles : Darwin, Hæckel, Herbert Spencer, Max Müller, Huxley, Wallace, W.-Q, Judge, A. Fullerton, E. Coues, Sinnett, C. Johnston, de Roberty, de Quatrefages, Whitney, Blavatsky, Denton, Laing, Edward Clodd, etc., et les revues théosophiques : *the Theosophist, the Path, Lucifer, la Revue théosophique*, etc.

SAINT-PATRICE.

Andilly, le 25 mai 1890.

LA THÉOSOPHIE

I

L'ÉVOLUTION COSMIQUE

Quand, le 3 août 1492, Christophe Colomb, quittant l'Espagne, mit le cap vers l'Ouest, personne n'aurait pu prévoir les résultats mémorables qui devaient sortir de ce voyage; et quand, quatre siècles plus tard, le 27 décembre 1831, Charles Darwin, alors dans sa vingt-troisième année, s'embarqua comme naturaliste volontaire à Plymouth, sur le bâtiment de S. M. : *The Beagle*, encore moins aurait-on pu prédire les résultats qui devaient suivre.

Colomb découvrit ce qu'il est convenu d'appeler le Nouveau-Monde ; Darwin découvrit, au point de vue scientifique, l'ancien et le nouveau monde et les tira des ténèbres qui les entouraient et les enveloppaient comme un linceul.

L'influence exercée par cet homme éminent, qui démolit, d'un seul coup de sa massue puissante, la tradition mosaïque et erronée de la Création, commence seulement à se faire sentir. Son nom est encore inconnu aux masses ; et à ceux qui n'ont qu'un vernis d'instruction, ne rappelle que l'idée quelque peu ridicule d'un homme qui se croyait descendu d'un singe.

Pourtant, de même qu'un petit caillou jeté au milieu d'une grande nappe d'eau, imprime graduellement un mouvement à toute la masse liquide, ainsi la théorie de Darwin fraye peu à peu son chemin à travers les forêts vierges de l'ignorance et deviendra un jour une des routes les plus sûres vers la Vérité.

Le rayon de lumière qui frappa d'abord l'intelligence de Charles Darwin — qu'on peut bien appeler le Newton de l'Histoire Naturelle — prit son origine dans l'Amérique du Sud, où les êtres vivants, dans leurs rapports avec ceux habitant les îles Galapagos, convainquirent Darwin, contrairement à l'opinion qu'il avait eue au moment de son départ, que les espèces ne sont pas immuables. Le but de sa vie devint alors de résoudre le problème de leur origine, et il consacra vingt-cinq ans à ce travail ardu, pesant avec un soin minutieux l'évidence pour et contre, demandant à la nature — dont il possédait la clef — ses secrets les plus intimes, avant de publier sa fameuse théorie sur *l'Origin of Species,* un livre dont l'influence sur les esprits d'Occident dépassera même celle de la Bible. *L'Origin of Species* fut suivi par *Descent of Man;*

le second ouvrage n'est, du reste, que le corollaire du premier. Il est cependant juste de dire que Darwin ne fut pas un pionnier isolé, et parmi les plus illustres de ses collaborateurs nous pouvons mentionner : Haeckel, Wallace, Huxley, Herbert Spencer, Tyndall, dont les noms sont aujourd'hui synonymes de science transcendante accompagnée d'honnêteté impeccable.

Avant, cependant, d'entrer dans les détails de la révolution organique, il nous faut jeter un coup d'œil, fort superficiel il est vrai, sur la philosophie cosmique, et je vais, sans autre préambule, entreprendre de vous dessiner une silhouette des phénomènes que traite cette science. Est-il besoin d'ajouter que notre cadre limité ne nous permet pas de parcourir en tous sens ce champ si varié ; nous ne pouvons que le traverser en courant, sans songer à nous arrêter pour faire des fouilles. D'un autre côté, pour se rendre un compte exact de ce qui constitue les modifications principales de la vie animale et végétale, il n'est nécessaire d'examiner qu'une quantité relativement minime d'animaux et de plantes.

Il faut aussi nous rappeler que bien que tous ou presque tous les phénomènes peuvent s'expliquer par l'évolution ou le transformisme, il reste toujours autour de cette théorie une marge impénétrable, et après avoir poussé nos découvertes jusqu'aux limites extrêmes, la question se pose toujours : — « Qu'y a-t-il au delà ? Qui peut analyser les nébuleuses, l'origine de la cellule ou du cristal ? »

Mais quand l'Évolution aura dit son dernier mot, la Théosophie viendra jeter sa lumière éclatante sur les points qui resteront obscurs.

Dans ce chapitre, cependant, nous n'avons pas à nous occuper de ce que la science ignore, mais bien de ce qu'elle peut nous apprendre. Commençons, si vous le permettez, par la matière nébuleuse dont l'univers est le produit, et laquelle tient, à l'état latent, dans ses vapeurs diffuses, non seulement les éléments dont sont faites les terres et les eaux et dont sont issus les animaux et plantes aux mille variétés, mais rien moins que la chaîne et la trame qui forment le tissu de l'histoire du monde.

De même que la science ne peut connaître le commencement de toutes choses, ainsi en est-il des choses elles-mêmes qui nous affectent par leur couleur, leur poids et leur mouvement. A l'esprit scientifique elles restent la cause ignorée de sensations qui ne sont que les symboles des objets du monde visible auxquels elles correspondent à peu près comme les mots articulés ou les caractères écrits aux choses que, par convention, ils représentent. Par exemple, il n'y a pas de vert dans l'herbe, pas de rouge dans la rose, nulle dureté dans le diamant ; ce que nos sensations traduisent à notre conscience comme dureté et couleur, n'étant que le résultat de millions de mouvements dissemblables dont certains se répètent aussi souvent dans l'espace d'une seconde qu'il y a de secondes dans trente millions d'années.

La pensée et l'émotion ont leurs antécédents dans les changements moléculaires de la matière cérébrale et sont aussi complètement dans le domaine des causes et des effets, et aussi susceptibles d'une application mécanique que n'importe quel phénomène matériel ; mais d'elles on ne peut définir aucunes qualités matérielles telles que le poids ou l'occupation de l'espace.

La chaleur peut s'exprimer en autant de chevaux-vapeur ; la lumière, le son et la transmission nerveuse en vélocités commensurables ; mais la pensée et l'émotion, jamais!

L'Univers est formé de matière et de mouvement. Le mouvement se manifeste comme Force et Énergie.

On désigne sous le nom de *matière* toutes les substances qui occupent l'espace et affectent les sens. La matière se manifeste dans

trois états : solide, liquide et gazeux, auxquels on peut ajouter l'état très ténu qu'on
appelle l'éther.

Entre ces trois états, il n'y a pas de solution de continuité absolue, la matière pouvant adopter n'importe lequel des trois, selon
la puissance relative des forces qui unissent
et des énergies qui désagrègent les corps composés ; en d'autres mots, selon la température
ou la pression. Par exemple, l'eau devient
solide quand sa chaleur latente ou mouvement continu est dissipée, et gazeuse, au
point de devenir invisible, quand ses particules sont séparées sous l'influence de la
chaleur. En prenant l'eau pour exemple, il
est bon de noter que, par exception, sa densité diminue en approchant de l'état solide ;
tandis que, règle générale, quand un corps
liquide passe à l'état solide, le plus souvent
son volume diminue et par suite sa densité
augmente. Pour s'en convaincre, il suffit de
remarquer que des morceaux de soufre solide

restent au fond d'une masse de soufre liquide ;
il en est de même de la cire, du plomb et des
métaux en général. Tandis que, d'un autre
côté, nous voyons la glace flotter à la surface
de l'eau liquide. L'augmentation de volume
de l'eau, au moment où elle se congèle,
s'effectue avec une force d'expansion que
démontrent plusieurs expériences et que tout
le monde a pu constater dans la vie usuelle :
on sait que pendant les hivers rigoureux,
les tuyaux qu'on a laissés remplis d'eau se
fendent. C'est ainsi qu'on explique les effets
funestes que produisent les gelées sur les
végétaux, en brisant les parois des tissus qui
sont remplis de sève. Cette particularité de
l'eau est peut-être due à la forme particulière
que prennent ses molécules en se cristalli-
sant, comme dans la neige.

Puisque la nature ultime de la matière est
ignorée de la science, elle ne peut se prononcer sur ce sujet que par voie de déduc-
tions et dire ce qu'elle est que d'après ce qu'elle

fait. Les actions des corps, quel que soit leur état, ne s'expliquent que par l'assomption fondamentale qu'ils sont composés de particules infiniment petites qui, à l'état composé, comme unités mécaniques, sont appelées « Molécules », et à l'état libre, comme unités chimiques, sont appelées « Atomes ».

La molécule est un corps composé réduit à la dernière limite qu'on ne pourrait dépasser sans changer sa nature ; l'atome est un corps qu'on n'a pas encore divisé.

Les atomes, ou principes élémentaires, sont, autant qu'on en peut juger à présent, au nombre de soixante-dix environ. Mais certains d'entre eux sont extrêmement rares et existent sous des formes infinitésimales, de manière à n'être guère connus que du chimiste. Quoique l'analyse progressive de ce dernier n'ait pas encore démontré leur nature composée, l'évidence recueillie jusqu'à ce jour semble cependant indiquer qu'ils ont une origine commune.

Les atomes se combinent entre eux dans des proportions déterminées et définies de poids et de volume. Par exemple, que nous prenions de l'eau, en grande ou petite quantité, des nuages, de l'Océan ou des fluides des êtres vivants et que nous décomposions ou désagrégions ses molécules, on trouvera toujours qu'elles contiendront, au poids, seize parties d'oxygène contre deux parties d'hydrogène : que nous extrayions du sel de la mer ou du sang des animaux, sa molécule consistera toujours en proportions invariables de chlore et de sodium, 35 1/2 parties de l'un et 23 de l'autre. Quand il y a excès d'un élément, il reste à l'état de corps simple non combiné.

D'une science qualitative, la chimie est devenue quantitative : d'aucuns prétendent qu'éventuellement on en arrivera à un seul élément avec deux polarités.

Les éléments ont été classés selon leur poids atomique, depuis l'hydrogène le plus léger, coté 1, jusqu'à l'uranium le plus lourd, coté 240, et cette échelle semblerait justifier la théorie de l'évolution des éléments d'un commun prototype ou forme primaire de la matière. Cette hypothèse est, du reste, à l'heure actuelle, la question brûlante de la science physico-chimique.

Les éléments se rencontrent peu à l'état libre, presque tous les corps étant composés ou formés par l'union de deux ou plusieurs éléments, rarement plus de quatre.

L'oxygène est le plus abondant et le plus important de tous ces éléments; à l'état simple, c'est un gaz invisible, sans saveur qui entre dans la composition de près de la moitié du globe terrestre. D'un autre côté, l'analyse spectroscopique de la lumière solaire nous montre que la complexité infinie des choses de la terre et des cieux est formée, en somme, de quatorze éléments. Les êtres vivants sont composés généralement de carbone, d'oxygène, d'hydrogène et d'azote ou nitrogène.

Nous sommes arrivés à présent au point où il s'agit de dire sur quel terrain la science s'est placée pour formuler ses assomptions concernant la nature de la matière à travers l'espace, en masses grandes ou petites, en molécules, atomes, ou sous forme d'éther ténu.

Si les atomes ne changent pas dans leurs conditions actuelles et s'ils ne peuvent varier que par leur alliance avec d'autres atomes et leur distribution dans l'espace, il s'en suit que tous les changements sont dus au mouvement. Le mouvement à travers l'univers est produit ou détruit, avancé ou retardé, augmenté ou diminué, par deux puissances d'une nature opposée : la « Force » et l' « Énergie ».

La Force est ce qui produit ou accélère le mouvement, liant ensemble deux ou plusieurs particules de matière pondérable, et qui retardé ou paralyse les mouvements tendant à séparer ces mêmes particules.

Quand la Force agit sur des masses de

matière visible, petites ou grandes, éloignées ou rapprochées, elle s'appelle la « Gravitation » ; quand elle agit sur les molécules composant les masses, elles s'appelle « Attraction moléculaire » ou « Cohésion » ; quand elle agit sur les atomes, les unissant chimiquement en molécules, elle s'appelle « Attraction chimique » ou « Affinité ».

Comme la Force est inhérente à la matière et ne peut jamais lui être enlevée quand elle est pondérable, chaque atome possède la tendance d'attirer et, dans l'absence d'une Ernergie contraire suffisante pour annihiler cette tendance, le pouvoir d'attirer tous les autres atomes ; de même qu'il possède celui de résister à une tendance contraire ou à une Energie ennemie. La somme totale de la Force est constante et ses diverses propriétés peuvent être groupées sous la doctrine appelée : « Persistance de la Force. »

L'Énergie est ce qui produit ou accélère les mouvements de séparation et qui brise ou retarde les mouvements unissant deux ou plusieurs particules de matière ou du milieu éthéré.

La somme totale de l'Énergie de l'univers est une quantité fixe, mais n'est pas, comme la Force, liée à la matière, de manière à ne pouvoir se transférer. Elle existe, qu'elle agisse ou non : donc, on ne peut l'emmagasiner.

L'Énergie est de deux sortes, active et passive, ou, si l'on veut des termes scientifiques, kinésique et potentielle, ou encore, statique et dynamique. Prenons des exemples : une pierre sur un toit ou sur une montagne ; une pendule remontée, mais ne marchant pas ; une couche de houille, un baril de poudre, ont de l'Énergie potentielle. Celle-ci devient kinésique quand la pierre tombe, la pendule marche, le charbon brûle ou la poudre fait explosion. L'Énergie potentielle ne se transforme pas seulement en Énergie kinésique, et *vice versa*, mais les différentes formes d'Énergie kinésique entrent l'une dans l'autre :

le mouvement dans la chaleur, la chaleur dans l'électricité ; l'électricité dans la chaleur, la lumière et l'action chimique ; une somme définie d'une des formes de l'Énergie entre dans une somme équivalente de l'autre, l'une disparaissant quand l'autre apparaît. La tendance de toute Énergie passive est de se convertir en Énergie active jusqu'à ce qu'un niveau uniforme soit atteint, comme dans les corps d'égale température.

Ces qualités de convertibilité et d'indestructibilité sont réunies sous la doctrine connue sous le nom de « Conservation de l'Énergie ».

La Force est la puissance qui attire ; l'Énergie celle qui repousse, et c'est au moyen de leur antagonisme que se fait le travail de l'univers. Chaque masse attire les autres masses par la gravitation ; la terre attire la lune ; le soleil attire la terre ; une autre étoile attire le soleil et ainsi de suite. La lune tomberait sur la terre, et cette dernière sur le soleil si l'Énergie de leur mouvement orbitaire ne s'opposait à cette Force. Quand on traîne une voiture, surtout dans une montée, l'effort musculaire dépensé par le cheval sous la forme d'Énergie kinésique combat et dompte l'attraction terrestre qui a la tendance d'attirer la voiture vers son centre et de l'y garder. Quand l'Énergie de la chaleur qui sépare les particules des corps, les faisant passer de l'état solide à celui de liquide ou de gaz, s'est dépensée, ces particules reprennent la forme solide en vertu de la force de cohésion.

Si la Force avait le champ libre, tous les atomes de l'Univers graviteraient vers le centre commun et formeraient en fin de compte une sphère parfaite dans laquelle la vie et le travail seraient impossibles. Si, d'un autre côté, l'Énergie avait le champ libre, les atomes de l'Univers seraient violemment et à tout jamais séparés avec un même résultat d'impuissance irrémédiable. Mais, grâce au conflit incessant de ces deux facteurs, l'Uni-

vers est le centre d'une redistribution constante de toutes ses parties, soit par la course
des étoiles et de leurs satellites à travers l'espace, soit par les vibrations pendulaires des
particules invisibles de chaque corps ou par
les pulsations du milieu éthéré.

De même qu'il y a entre les étoiles des espaces incommensurables dans leur immen-
sité, de même entre les molécules des corps et
entre les atomes qui composent les molécules,
il existe des pores ou des espaces incommensurables dans leur petitesse.

Et s'il fallait d'autres indices pour prouver
l'existence de ces espaces intermoléculaires et
interatomiques, nous les aurions facilement
dans la contraction et l'expansion des corps
provoquées par les vibrations accélérées ou
ralenties au moyen de l'Énergie dissolvante
se manifestant sous la forme de chaleur;
dans la compressibilité, quoique légère, des
liquides; dans la solidification réelle des gaz
les plus réfractaires sous l'influence d'une

forte pression et d'un froid extrême, l'oxygène
ayant l'apparence de la neige et l'hydrogène
tombant sur le plancher avec un bruit de grê-
lons. Mais il y a plus que ceci. Ces puissances
entre particules invisibles, ces espaces entre
les étoiles, espaces si vastes que le diamètre
de l'orbite de la terre, qui est cependant d'environ trois cent millions de kilomètres, vu
de l'étoile la plus rapprochée, est gros comme
une tête d'épingle, ne sont pas cependant
vides.

Les plus petits intervalles entre les atomes,
de même que les espaces formidables de
l'univers, sont remplis par un fluide subtil,
élastique, d'une ténuité extraordinaire, que
l'on appelle l'Ether, et qui, au moyen de ses
vibrations, sert de véhicule à l'Énergie, également des corps les plus grands aux plus
petits.

Le problème que nous avons maintenant
à considérer est celui-ci : étant donné que la
matière et le mouvement sont la base de

l'univers, l'interaction sur la matière d'une Force qui unit et d'une Énergie qui sépare, est-elle suffisante pour expliquer les divers phénomènes de la Création ?

Du commencement, de ce qui a précédé l'état de choses actuel, de ce qui va s'ensuivre, la Science, comme nous l'avons déjà dit, ne sait rien.

Mais puisque tout lui indique que l'univers, tel qu'il est, n'aura pas une durée éternelle — car il n'est plus aujourd'hui ce qu'il était jadis et il change continuellement — la Science doit cependant prendre un point de départ, et le plus éloigné possible.

Dans ce but, elle pose un état primordial nébuleux et non lumineux, dans lequel les atomes avec leurs Forces et Énergies inhérentes, se tenaient à l'écart les uns des autres, éparpillés inégalement, sans quoi la Force les eût réunis comme masse sphérique uniforme autour d'un centre de gravité commun, et l'Énergie réveillée par le choc d'atome contre atome serait allée rejoindre sans profit le milieu éthéré sous la forme de chaleur, mais variable de position et de caractère, et avec une tendance à graviter vers certains centres spéciaux. Cette théorie d'instabilité et de diversité au début cadre très bien avec la distribution inégale de la matière, avec les mouvements des masses en directions différentes et avec l'incessante redistribution de matière et de mouvement.

Tous les changements d'états sont dus à un arrangement nouveau des atomes par le jeu des Forces attractives et des Énergies repoussantes, résultant dans l'évolution de ce qui paraissait semblable en quelque chose absolument dissemblable, de l'informe au symétrique, du simple au composé, jusqu'à ce que la complexité la plus grande fût atteinte par le développement de la matière animée.

Si tout ce qui est, depuis le rocher igné jusqu'au génie de l'homme, était enveloppé

dans la matière avec ses forces et ses énergies, nous ne pourrions parler de simplicité
que très relativement pour la mettre en contraste avec la variété infinie qui a évolué
autour de nous.

L'existence de nébuleuses ou d'objets nua-
geux dans l'espace et que le télescope, aidé
dans sa besogne par l'analyse du spectroscope, démontre être des masses de gaz en
fusion, justifie l'hypothèse d'un état encore
plus discret des atomes qui formèrent l'univers matériel. Mais bien que nous soyons
familiarisés avec la matière à l'état invisible,
comme par exemple dans l'élément oxygène
qui, à l'état composé, forme presque la moitié
de la charpente solide du globe, nous ne pouvons cependant concevoir l'extrême raréfac-
tion des atomes primitifs. Si nous calculons
la densité de la masse de notre système planétaire à l'époque où c'était une sphère nébuleuse qui touchait à l'orbe de la planète la
plus éloignée, nous trouvons qu'il faudrait

plusieurs millions de kilomètres cubes d'une telle matière pour peser un seul gramme. Étant donné cependant le jeu de la Force et de l'Énergie sur cette matière diffuse, la mécanique du procédé qui nous donna l'univers visible n'est pas difficile à expliquer.

La Force renfermée dans chaque atome agissant comme Affinité, combina les atomes en molécules ; agissant comme Cohésion, elle unit les molécules en masses ; agissant comme Gravitation, elle attira les masses vers les différents centres de gravité. Une de ces masses, et non la plus grosse, devint le noyau de notre système solaire que nous pouvons prendre comme type de toutes les autres masses dont l'évolution en systèmes solaires n'est pas encore complète.

Comme les atomes se ruaient ensemble, l'Énergie qui, jusque-là, avait existé à l'état de repos ou de séparation passive, devint active sous la forme moléculaire, et imprima un mouvement à chaque masse : un mouve-

ment de rotation sur l'axe et un mouvement
dans l'orbite aux étoiles doubles et aux planètes qui gravitent autour du soleil; un mouvement vibratoire très rapide en avant et en
arrière aux molécules pour produire la chaleur et la lumière. A partir de sa conversion,
l'Énergie subit les effets de la dissipation. La
friction du milieu éthéré retarde graduellement les mouvements orbitaires de toutes les
masses, l'Énergie ainsi perdue entrant dans
l'éther jusqu'au jour où le mouvement orbitaire s'arrêtera, et la force de la Gravitation
n'ayant plus à subir l'antagonisme de l'Énergie, attirera les petites masses vers les plus
grandes, comme les météores vagabonds sont
incessamment attirés par les planètes et le
soleil. Les lunes graviteront vers leurs planètes, les planètes vers leurs soleils, et ainsi
de suite jusqu'à ce que la matière de l'univers,
avec quelques regains intermédiaires d'Énergie, devienne froide, inerte et solide, et que
la Force ait tout maté.

Voilà, selon la science, en laissant de côté bien des détails pour plus de clarté, la manière dont les étoiles et leurs systèmes semblent être sortis de la matière nébuleuse. Dans cette exposition, on reconnaîtra les théories de Kant et Laplace, mais avec des modifications importantes dues à la doctrine de la Conservation de l'Énergie, inconnue de leur temps.

A présent, nous pouvons quitter le général pour le particulier, et appliquer la théorie que nous venons d'exposer au système stellaire auquel nous appartenons, et à cette partie de ce système que nous appelons la Terre. Si l'exposé de l'origine du soleil et des planètes récapitule quelque peu ce que nous venons de dire, cela aura en tous les cas l'avantage de nous faire sentir encore mieux que le procédé est uniforme, et que ce qui est vrai pour le tout est vrai aussi pour toutes les parties et pour les fractions de toutes les parties, jusqu'aux atomes invisibles dont consistent toutes choses.

Signalons dès le début deux témoignages frappants de l'origine commune du soleil et des planètes : 1° ils sont faits des mêmes matériaux ; 2° ils ont les mêmes mouvements.

Le spectroscope nous a révélé la constitution chimique de plusieurs étoiles fixes, la distance énorme qui nous sépare d'elles n'affectant en aucune manière la sincérité de l'analyse. Cette analyse démontre, à n'en pouvoir douter, l'existence de substances dans les vapeurs en fusion de ces atmosphères en tout semblables à celles qui alimentent le brasier du soleil ; et du moment qu'une telle identité d'étoffe existe entre le soleil et les autres étoiles, nous pouvons avec raison nous attendre à trouver une identité encore plus complète entre lui et sa famille de planètes, de lunes et de ces corps errants qu'on pourrait appeler les francs-tireurs du ciel. En fait, nous savons que le soleil est formé de matériaux largement représentés sur notre terre.

Les planètes et, à quelques rares exceptions près, leurs satellites, tournent autour du soleil dans le même sens; il en est de même, autant que nous pouvons le savoir, de leur révolution autour de leur axe propre, et coïncident, pour ainsi dire, dans les tracés et les plans de leurs orbites qui sont presque dans le même plan que l'équateur du soleil. Et puisque les conséquences seraient les mêmes si ces mouvements sur l'axe et sur l'orbite étaient en sens contraire, on peut hardiment conclure que la masse dont elles furent toutes séparées avait un mouvement uniforme de rotation.

De même que pour la nébuleuse dont cette masse s'est détachée, ainsi avec la masse elle-même : il y avait partout des différences de densité. Nulle autre théorie ne peut du reste expliquer sa ségrégation en une multitude de corps. Comme le mouvement de rotation de la masse s'accélérait à mesure que les particules étaient attirées vers le centre commun de gravité, l'Énergie faisant fonction d'agent dissolvant agissait surtout vers la région de l'équateur protubérant et, surmontant la force de la cohésion là où il y avait le moins de résistance, détacha l'une après l'autre, à des intervalles réguliers, certaines portions de la masse centrale qui rentrait en elle-même. Ces portions devinrent les noyaux de groupes planétaires sur lesquels se répétaient les mêmes procédés de contraction et de rupture, les masses détachées devenant des lunes, ou, comme dans le cas de Saturne, des anneaux de satellites. Quant aux fugitives masses diffuses et très énergiques, comme les comètes et les météores, elles sont donc des produits expulsés des soleils, des planètes géantes et des globes comme le nôtre pendant leur période de fusion.

Les planètes et les lunes étaient évidemment des soleils à leur début et brillaient de leur propre feu. Tous les corps en combustion communiquent leur chaleur aux corps moins chauds, et quand une température égale est atteinte, les mouvements séparatifs cessent. Il s'ensuit tout naturellement que plus un corps est petit, plus tôt il perdra sa chaleur et l'Énergie moléculaire qui y est attachée.

Ainsi nous voyons le Soleil, dont la masse est sept cents fois plus grande que les masses réunies de toutes les planètes de notre système, se contractant lentement et dissipant par conséquent son Énergie. Au train dont il marche maintenant, il faudra au Soleil plusieurs millions d'années pour acquérir la densité de la terre. Jupiter et Saturne sont encore en combustion; tandis que plusieurs corps plus petits ont épuisé leur provision de lumière et d'Énergie, et les forces de cohésion et d'affinité ont réuni en une masse compacte leurs particules. Il en est ainsi de la surface stérile de la Lune, qui nous montre le sort futur des planètes plus grandes, du Soleil, et de la Terre dans un temps plus rapproché.

2.

Notre planète, destinée à devenir aussi dénudée que la Lune, était une fois une rivale du Soleil, sinon comme taille du moins comme éclat, ainsi qu'en témoignent ses pôles aplatis, son équateur protubérant et sa forme sphéroïdale — les effets de rotation sur une masse fluide. D'un autre côté, les parties les plus anciennes de sa croûte, en chronologie géologique, sont d'une nature qui ne s'explique que par la fusion de particules sous une chaleur intense.

Comme la croûte, très mince au commencement, continuait à refroidir et à épaissir, elle subit d'une manière plus apparente le jeu des forces et des énergies qu'elle renfermait ainsi que des fonctions diminuées des énergies extérieures. Le refroidissement et le rétrécissement de la masse interne causèrent une tension de la croûte, laquelle, cédant à la force de gravitation, fut attirée en dedans, gercée et crevassée, formant ainsi des montagnes et des vallées et des bassins immenses, bientôt remplis par les eaux provenant des vapeurs condensées qui emmaillotaient la terre refroidie.

Puis l'action continue de l'Énergie rayonnante du Soleil, agissant à travers l'air et l'eau sur la croûte de plus en plus rigide, dissolvait ses particules superficielles pour les redéposer comme roches stratifiées sur toute la surface du globe.

Sans cette aide solaire, notre terre serait inhabitable. Sort qui lui est, du reste, réservé d'ici quelques millions d'années : car ce n'est évidemment pas sa propre provision d'Énergie ni le faible secours qu'elle reçoit de l'Énergie périodique de la lune qui l'empêcheraient d'être prisonnière dans les glaces. C'est au Soleil que la terre doit la vie.

Il est à peine nécessaire d'ajouter que pendant la période de fusion, il n'y avait pas de vie. Les salamandres qui, selon les anciens, devaient vivre dans le feu, n'ont fait leur apparition que beaucoup plus tard. Puisqu'il

y a donc eu une période azoïque, quand alors
et comment a commencé le zoïsme?

Pendant la période azoïque, la température
du globe devait être quelque chose comme
14,000 fois plus chaude que l'eau bouillante.
Dans de telles conditions d'Énergie, les combinaisons chimiques devenaient impossibles,
et à plus forte raison les combinaisons vitales. Mais à mesure que l'Énergie moléécu-
laire de la Terre s'en allait dans l'espace, sa
surface se refroidissait, et les forces de cohésion purent alors opérer, formant d'abord
des composés simples et stables tels que
l'eau, et ensuite d'autres plus compléxes et
volatils, comme le sel.

Mais la question la plus importante, et dont
la réponse est la plus difficile, est celle-ci :
Quand et où commença la vie?

Quant à déterminer le temps, il ne faut
même pas y songer; mais c'est évidemment il
y a plusieurs millions d'années.

Il nous est permis d'être plus affirmatif

quant au lieu d'origine. Où la vie a-t-elle été
d'abord possible? Dans les régions polaires,
pour la simple raison qu'elles furent les premières à jouir d'une température plus fraîche
que le reste du globe, rendant de la sorte la
vie possible là quand elle était encore impossible ailleurs. Nous avons, de plus, les preuves
des rochers renfermant des fossiles, bien plus
communs dans les latitudes septentrionales
que vers le Midi.

Quant à la manière dont la matière organique ou vivante a fait son apparition, il
paraîtrait, bien que la chose puisse étonner
au premier abord et choquer des vieilles et
respectables croyances, qu'elle s'est produite
absolument de la même manière que la matière inorganique.

En d'autres mots, la matière constituant le
monde vivant est identique avec celle qui forme
le monde inorganique, et il n'est pas moins vrai
que les forces qu'exercent les êtres vivants
sont identiques avec celles qui existent dans

le monde inorganique ou y sont convertibles.
Le squelette d'un homme supporte les masses
de chair et les différents organes formant le
corps humain par l'action des mêmes forces
de cohésion qui réunissent les particules dont
se compose un morceau de craie.

Considérez maintenant la fibre musculaire
contractile de l'animal. Qu'est-ce sinon la
force qui peut s'exprimer, et que, dans un
certain sens, on peut convertir en la force de
gravité qu'elle dompte ? Prenez encore le procédé de digestion animale. En quoi diffère-
t-il des procédés chimiques de la nature ou du
laboratoire? Que sont donc nos nerfs sinon
des machines électriques ?

La plante et l'animal les plus parfaits, de
même que le germe vivant le plus bas, sont
formés des mêmes éléments ou matériaux
pris directement ou indirectement à la terre,
à l'air, à l'eau, et ces éléments sont : le carbone, l'hydrogène, l'oxygène et l'azote ou
nitrogène, lesquels combinés avec un peu de

soufre et de phosphore et de bien faibles traces d'autres éléments, donnèrent lieu au protoplasme, d'où, suivant des modifications successives, opérant très lentement, toutes les choses vivantes ont tiré leur origine.

Nous voyons donc que la différence entre le monde organique et inorganique ne provient pas d'une diversité première, mais de la diverse combinaison et disposition de forces identiques. En autres mots, les ingrédients étant les mêmes, la différence ne gît que dans la manière de les mélanger et de les triturer. Ceci est vrai pour toutes les formes de la vie, depuis la plante la plus infime jusqu'à l'homme lui-même : la différence entre la forme la plus élevée ou la plus basse résidant simplement dans la complexité des changements du développement, dans la variété de structure et dans la diversité des fonctions physiologiques qu'elles exercent.

Maintenant la science ignore absolument

la cause intime qui, par le rapprochement de certains corps sans vie, donna la matière organique comme résultat.

Si nous considérons à présent le phénomène mental depuis sa manifestation la plus humble dans la simple action reflexe de l'Amibe ou du *Xopodium podograria* quand on y touche, jusqu'à ses plus hautes manifestations dans la conscience ou connaissance de soi, la science trouve que le lien qui l'unit aux mouvements du corps est une énigme encore plus difficile à résoudre que la transition de la matière inorganique à la matière organique.

Vous vous demandez sans doute quel rang tient l'homme dans le catalogue de la Nature, et s'il a vraiment le singe pour ancêtre ? Au point de vue strictement scientifique, cela paraît assez probable. Il y a évidemment moins de différence entre un homme et un singe catarrhin de premier rang, comme le gorille, le chimpanzé et l'orang-outang, qu'il

n'en existe entre ces derniers et les Macaques
ou Babouins pourtant de la même race catar-
rhine. Le diagramme ci-dessous est, du reste,
assez éloquent.

Voilà tout ce que l'Évolution Cosmique
peut nous apprendre. C'est évidemment quel-

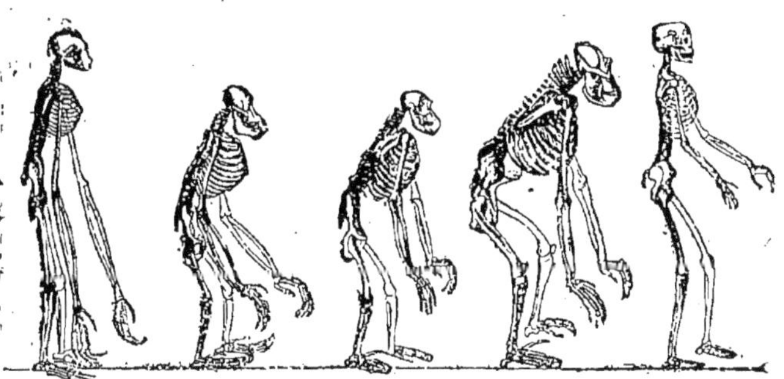

que chose, mais il n'est pas moins vrai que la
Science nous fait faux bond juste au moment
où nous commencions à nous intéresser à ses
travaux et où nous comptions toucher au port
et apprendre enfin le redoutable secret de la
vie.

II

L'ÉVOLUTION ANTHROPOLOGIQUE

Nous pourrions, à la rigueur, nous en tenir au point de vue purement scientifique, à ce que nous avons exposé dans notre dernier chapitre ; mais nous avons pensé que le lecteur trouverait sans doute quelque intérêt à voir l'homme traité moins sommairement. Ce sentiment est trop naturel pour que nous n'y fassions pas droit en consacrant un chapitre à l'Évolution Anthropologique.

Ainsi que nous venons de le voir, l'Univers est divisé en deux parties : L'une organique et l'autre inorganique, que Linné a nommées le Règne animal et le Règne végétal ; mais que nous nommerons plutôt l'Empire organique et l'Empire inorganique.

Quelle différence sépare ces deux empires ?

Les corps bruts ou inorganiques placés dans des conditions favorables durent indéfiniment, sans rien emprunter, sans rien abandonner au monde ambiant ; les êtres organisés, dans quelque condition qu'on les place, ne durent que pendant un laps de temps déterminé et, pendant cette existence ils éprouvent à chaque instant des pertes de substance qu'ils réparent à l'aide de matériaux pris au dehors.

Les corps bruts, même lorsqu'ils revêtent la forme arrêtée et définie de cristaux, se construisent indépendamment de tout autre corps semblable à eux. Ils ont dès leur début des formes arrêtées et grandissent par simple *superposition* ou *juxtaposition* de nouvelles couches : tout être organisé se rattache immédiatement ou médiatement à un être semblable à lui, à l'intérieur duquel il a paru d'abord sous forme de germe, il grandit et acquiert ses formes définitives, par *intussus-ception*; on voit donc que les phénomènes qui caractérisent les êtres organisés diffèrent essentiellement par leur nature de tous ceux qu'on observe dans les corps bruts. Ce qui les distingue paraît être cette force mystérieuse qu'on appelle la *Vie*.

A la vérité la Science ne sait pas ce qu'est la Vie, mais elle ne sait pas davantage *ce que sont* la Force et l'Energie qui font mouvoir et retiennent les astres dans leurs orbites. Si les astronomes ont eu raison de donner un nom à la *force*, à *la cause inconnue* qui im-prime aux mondes leurs mouvements ma-thématiques, les naturalistes se croient aussi autorisés à désigner par un terme spécial la *cause inconnue* qui produit la filiation, la naissance, la mort.

Quand on veut bien y réfléchir, on recon-naît que les phénomènes vitaux n'ont rien de plus mystérieux que quelques-uns des plus vulgaires phénomènes présentés par les corps bruts. N'est-il pas tout aussi étrange de voir un morceau de fer attiré et soulevé par un aimant que de voir le carbone, l'oxygène, l'hydrogène et l'azote s'unir et se disposer de manière à former une cellule animale ou végétale, au lieu de n'importe quel composé inorganique. Les expériences relatives à l'action exercée par les anesthésiques sur les plantes aussi bien que sur les animaux, mettent hors de doute l'intervention chez les êtres organisés d'un agent distinct des forces physico-chimiques.

La Vie a ses lois générales et constantes dont le mode d'action semble osciller entre des limites qui restent infranchissables.

Cette espèce de liberté et les bornes qui lui sont imposées s'accusent par la diversité constante des produits de la Vie, diversité qui contraste d'une manière frappante avec l'uniformité des produits de l'éthérodynamie. Par

exemple, tous les cristaux de même composition, formés dans des circonstances identiques, se ressemblent absolument; on ne
trouve, en revanche, jamais sur le même
arbre deux feuilles exactement pareilles.

De plus que le végétal, l'animal exécute des
mouvements partiels ou de totalité, parfaite-
ment indépendants, dès lors, de la gravitation et de l'éthérodynamie. La cause déter-
minante et régulatrice de ces mouvements est
évidemment en lui. C'est la *Volonté*. Mais la
Volonté elle-même est intimement liée à la
sensibilité et à la *conscience*. Pour qui juge les
animaux par ce que chacun de nous trouve en
lui-même, l'expérience personnelle et l'observation comparative attestent que l'animal
sent, juge et *veut*, c'est-à-dire qu'il raisonne
et par conséquent qu'il est intelligent.

Nous arrivons maintenant à la question importante : L'homme doit-il prendre place dans
le règne animal ou, en autres mots, l'homme
est-il oui ou non distingué des animaux par

des phénomènes importants, caractéristiques absolument étrangers à ces derniers? Ce n'est évidemment pas dans la disposition matérielle, ni dans le jeu de son organisme physique qu'il faut aller chercher ces phénomènes. A ce point de vue l'homme est un animal, rien de plus, rien de moins. Nous avons expliqué dans le précédent chapitre, qu'au point de vue anatomique l'homme diffère moins des singes supérieurs que ceux-ci ne diffèrent des singes inférieurs. Le microscope révèle entre les éléments de l'organisme humain et ceux de l'organisme animal des ressemblances tout aussi frappantes; l'analyse chimique conduit au même résultat. Comme il était facile de le prévoir, le jeu des éléments, des organes, des appareils est exactement le même chez l'homme et chez la bête. Les passions, les sentiments, le caractère établissent entre les animaux et nous des rapports non moins étroits. L'animal aime et hait; on retrouve chez lui l'irritabilité, la

jalousie, comme aussi la patience que rien
ne lasse, la confiance que rien n'ébranle.
Dans nos espèces domestiques, ces différences
s'accusent davantage ou peut-être seulement
nous en rendons-nous mieux compte. Qui n'a
connu des chiens enjoués ou hargneux, affec-
tueux ou farouches, lâches ou courageux, fa-
miliers avec tout le monde ou exclusifs dans
leurs affections ?

Il y a encore chez l'homme de véritables
instincts, ne fut-ce que celui de la sociabilité. Mais les facultés de cet ordre, si développées chez certains animaux, sont évidemment très réduites chez nous au profit de l'intelligence.

Le développement relatif de celle-ci, établit
certainement entre l'homme et l'animal une
différence énorme. Mais ce n'est pas l'*intensité* d'un phénomène qui lui donne sa valeur
au point de vue où nous sommes placés en ce
moment ; c'est uniquement sa *nature*. L'intelligence humaine et l'intelligence animale

3.

peuvent-elles être considérées comme étant de même nature?

Il est impossible à la science de pénétrer dans l'âme de l'homme pas plus que dans celle de la bête ; elle doit donc borner ses observations aux manifestations extérieures et se poser cette question pour résoudre le problème que nous venons d'énoncer : l'animal, dans des circonstances données, se conduit-il comme un homme se conduirait étant placé dans les mêmes conditions?

La réponse ne peut être qu'affirmative et il en faut conclure qu'il y a similitude dans les mobiles de l'action.

Entre l'homme et la bête il n'y a donc qu'une différence de degré.

Il est impossible de ne pas accorder aux animaux la conscience de leurs actes. Lorsqu'un chat, faisant la chasse aux moineaux en plate campagne, se rase dans les sillons et profite de la moindre touffe d'herbe pour s'avancer sans être vu, il sait ce qu'il fait aussi bien que le chasseur qui se glisse tout courbé de buisson en buisson. Les jeunes chiens et les jeunes chats qui luttent en grondant et se mordent sans se blesser, savent qu'ils jouent et qu'ils ne sont nullement en colère. Un chien simule la passion, joue la comédie, donc il est conscient.

L'animal a aussi la voix et s'en sert fort bien pour exprimer les sentiments de la colère, de l'amour, du plaisir, de la douleur, de l'alarme, etc.

Ce n'est donc pas dans les phénomènes se rattachant à l'intelligence, qu'on peut trouver les bases d'une distinction fondamentale entre l'homme et les animaux.

La science doit donc conclure que l'homme est simplement la plus haute expression du Règne animal, le haut baron de l'Empire organique.

Etudions à présent la généalogie de ce grand Seigneur telle que l'heraldiste scientifique l'a établie.

Aristote a dit : « Ο βιος εν τη κινησει εστι ; la vie est dans le mouvement! »

Cette définition paraît assez juste car la vie, dans son essence, est un état de matière dans lequel les particules vont et viennent dans un flux et reflux perpétuels. La digestion en est la première fonction, l'attribut primaire. Le cristal croît du dehors, l'animal croît du dedans, ainsi que la plante. La forme la plus simple de la vie, quand elle émerge de la matière inorganique, est le protoplasme qui est une substance albuminoïde, achrome et amorphe.

Le rudiment du plasma, ou du sarcode, si l'on préfère la théorie de Dujardin, est la monère ou l'amibe, c'est-à-dire un organisme absolument homogène, on pourrait même dire un « organisme sans organes ». Et, en vérité, on ne peut l'appeler organisme que parce qu'il exerce les phénomènes organiques de la vie; tels que la nutrition, la reproduction, la sensation et le mouvement. Si nous essayions de construire *à priori* l'organisme le plus simple qu'on puisse imaginer, c'est la monère qu'il nous faudrait concevoir.

L'amibe n'est ni homme, ni femme, ni auvergnat; il est asexuel.

Pour se reproduire, après avoir atteint une certaine croissance, il se divise simplement en deux; c'est de cette manière que deux individus naissent d'un seul, qui disparaît dans les deux. Ils se divisent à leur tour et ainsi de suite : *Sic itur ad astra.*

La planche ci-dessous explique ce procédé.

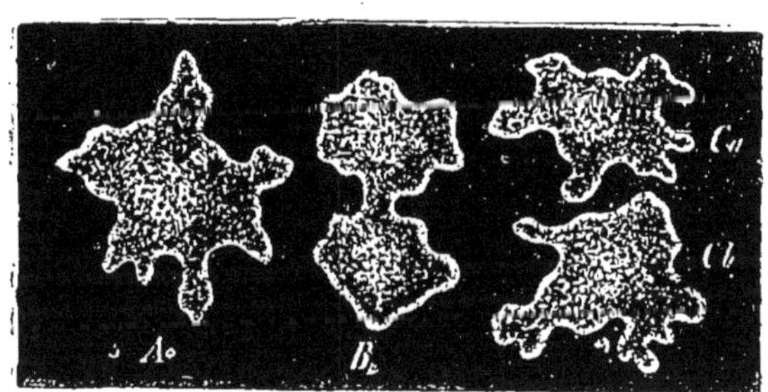

L'amibe pendant l'acte de reproduction.
A, l'amibe entier ; B, l'amibe se partageant en deux.
Ca, Cb, les deux moitiés formant deux nouveaux individus.

A l'échelon suivant l'Empire organique se divise en deux règnes, le végétal et l'animal. Quoique semblables, quand on les compare à la matière inorganique et quand on considère leur origine commune d'une cellule embryonnaire qui se divise et se subdivise jusqu'à ce qu'une aggrégation de cellules soit formée d'où les formes vivantes évoluent, la plante diffère de l'animal en ceci qu'elle se nourrit directement de la matière inorganique, tandis que l'animal ne s'en nourrit qu'indirectement, après que la plante l'a transformée en matière végétale.

Ceci est absolument vrai, car, quand nous déjeunons d'un beefsteak, nous mangeons pratiquement l'herbe dont le bœuf s'est nourri; c'est-à-dire le carbone, l'oxygène, l'hydrogène et autres éléments simples que l'herbe, stimulée par le soleil, à triturés selon sa formule. Le bœuf, à son tour, s'empara de ces éléments et, par un nouveau procédé encore plus complexe, les rendit propres à être digérés par l'homme. Mais en aucun cas pouvons nous, comme la plante, dîner rien qu'avec de l'air et de l'eau. Le végétal est

donc le producteur et l'animal le consomma-
teur. Mais revenons à la genèse scientifique
de l'homme.

Le dicton du grand Harvey, qui découvrit
la circulation du sang : *Omne animal ex ovo*,
semble toujours assez vrai. Mais ce qui ne
laisse pas que d'étonner les physiologistes,
c'est qu'il est absolument impossible avec le
plus fort microscope de distinguer une différence quelconque entre l'œuf d'une truite,
l'œuf d'une poule, ou l'œuf humain.

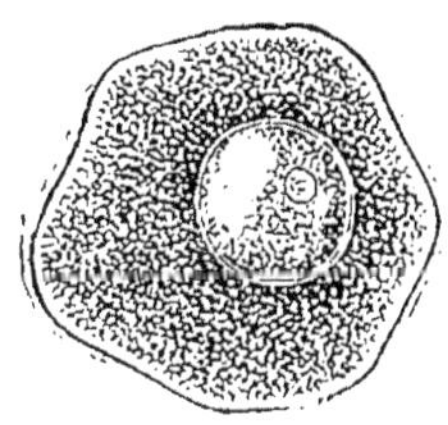 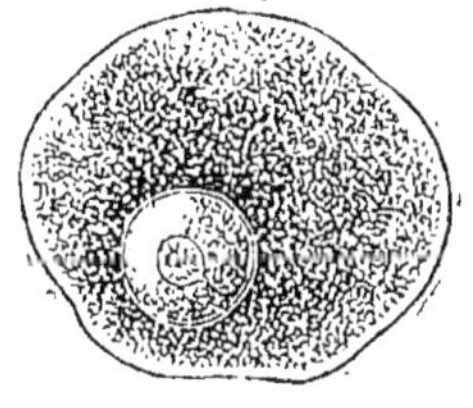 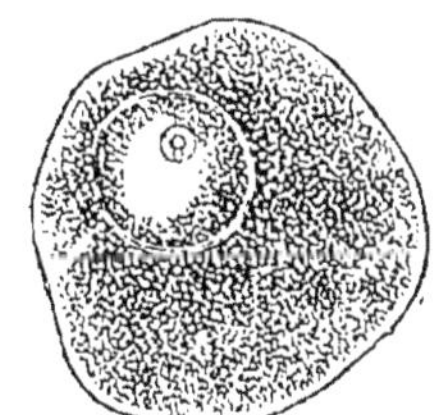

Œuf de truite.   Œuf de poule.   Œuf humain.

Tous les œufs primitifs se ressemblent autant et bien plus encore que deux gouttes
d'eau. Il est donc probable que les premiers
ancêtres de l'homme ne se distinguaient nul-

lement des procréateurs des autres types de vie qui grouillaient dans l'océan du plasma.

Le moustique est d'abord un œuf, puis un ver et finalement un insecte aux ailes de gaze sonnant la curée avant de se repaître de notre sang. Le ver à soie est d'abord un œuf, puis une chenille qui mange et croît pendant trente ou quarante jours, quand il se file son cocon et se change en chrysalide. Dans cet état, des transformations curieuses ont lieu : ses mâchoires se changent en une langue repliée, son estomac se raccourcit, des yeux composés prennent la place des yeux simples, des antennes apparaissent sur le front, des ailes sortent des côtés et le beau papillon apparaît.

La grenouille commence son existence *ab ovo*, comme tous les autres animaux. Au bout d'un mois elle quitte l'œuf, mais encore très incomplète. La tête est très large et sans traces d'oreilles, de narines, de poumons ou même de branchies. Le quatrième jour après la naissance, les oreilles et les narines se montrent ainsi que les ouïes. La bouche se

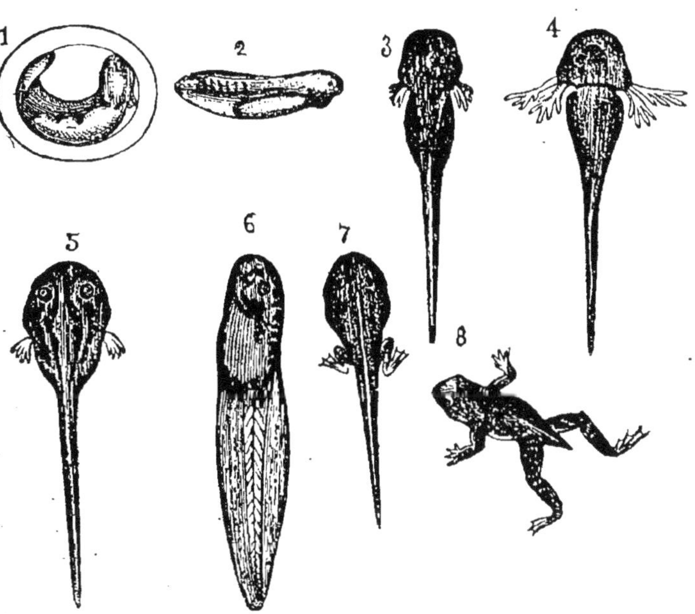

Métamorphose de la Grenouille.

1, L'embryon dans l'œuf; 2, plus avancé; 3, têtard de quatre jours; 4, plus avancé; 5, encore plus avancé; 6, le têtard parfait; 7, têtard moitié grenouille; 8, la grenouille presque parfaite.

garnit bientôt d'un bec cornu et la queue s'allonge et s'élargit; l'animal est à présent un tétard et nous l'appellerions un poisson si nous ne connaissions son avenir.

Le tétard respire au moyen de ses branchies et, comme le poisson, se meut dans l'eau au moyen de sa queue et se nourrit des plantes qui poussent dans son séjour liquide; il ne porte aucune trace de membres externes ou internes.

A l'arrière de son corps deux bourgeons apparaissent et deux aussi bientôt devant, qui deviennent des membres; entre temps la queue disparaît graduellement. Pendant que ces changements ont lieu, d'autres, moins visibles, mais plus importants, s'opèrent. La bouche augmente en largeur et hauteur; les lèvres cornues sont remplacées par des dents : les intestins sont raccourcis; les ouïes diminuent ; les poumons qui auparavant étaient solides et petits augmentent de volume et deviennent caverneux; le cœur est modifié, un troisième utricule se développant par l'expansion de l'une des grosses artères ;

les vaisseaux qui conduisent le sang aux branchies sont graduellement supprimés, ces dernières n'ayant plus à fonctionner; l'eau n'est plus un séjour convenable ; la grenouille aspire sa première bouffée d'air, saute à terre et pousse un joyeux coassement à ce changement de domicile. Il y a peu de jours, elle se nourrissait de plantes aquatiques au moyen d'un bec cornu ; à présent, sa bouche est garnie de dents, son estomac a changé ainsi que son appétit et malheur à la mouche qui se risque trop près de sa langue visqueuse.

Pourquoi l'insecte est-il d'abord un ver, et la grenouille d'abord un poisson? Géologiquement nous avons toute raison de croire que les vers précédèrent les insectes, et les poissons les grenouilles de plusieurs millions d'années. Et, chose étrange, chaque animal montre dans son développement le chemin parcouru par ses ancêtres aux âges primitifs du monde.

Ce qui est vrai pour les animaux au-dessous de l'homme l'est également pour lui.

L'existence de l'homme sur cette planète commence avec un œuf formé dans le corps de la femme et à peine visible à l'œil nu. Le vitellus de l'ovule consiste en une multitude

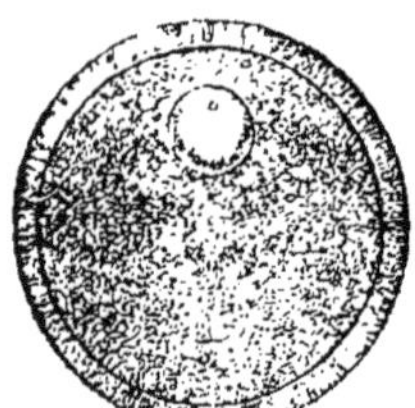

Ovule humain
fortement grossi.

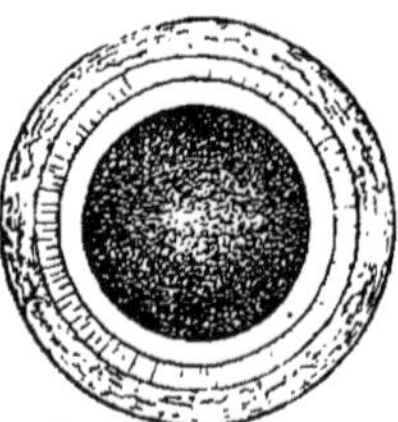

Œuf humain
fécondé.

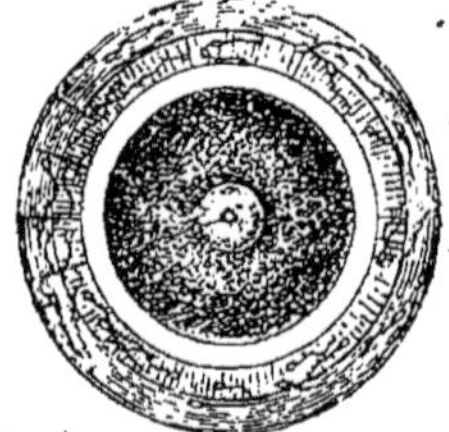

Œuf humain peu de temps
après la fécondation.

de granules parmi lesquels se trouve la vésicule germinative au milieu de laquelle est une petite tache foncée appelée la tache germinative. Quand l'ovule est imprégné par le spermatozoïde, la vésicule et la tache germinatives disparaissent et l'ovule devenu œuf, présente l'apparence d'une gouttelette de colle ressemblant à la forme de vie la plus simple que nous connaissions : l'amibe.

Bientôt après la fécondation, un noyau rond est formé à l'intérieur et au centre de la cellule, et au centre de ce noyau se trouve un petit point appelé le nucléole. Cette cellule, le produit des deux parents, dans laquelle le premier germe du futur individu se montre, est appelée la cellule-mère ou *cytula*.

Le prochain pas dans l'évolution de l'homme, c'est la segmentation du noyau en deux parties, de même que l'amibe se divise pour former un second soi. Ces deux cellules se repoussent et attirent la matière contenue dans la cellule-mère et forment deux cellules qui contiennent chacune un noyau et un nucléole. Ces cellules d'abord globulaires prennent bientôt une forme ovale. L'une des deux est plus grande et plus transparente que l'autre. Elles continuent à se partager en deux, les cellules les plus grandes et les plus claires augmentant plus rapidement que les plus petites et plus foncées, jusqu'à ce qu'elles forment un germe ayant l'aspect d'une mûre et qui se compose d'une multitude de petites cellules qui serviront à bâtir les organes du futur homme. On voit que cet admirable procédé palingénésique n'est toujours que la

Segmentation de l'œuf.
A, première division ; *B*, deuxième phase; *C*, troisième phase ; *D*, phase moriforme.

répétition de ce qui se passe dans la reproduction de l'amibe.

Les cellules les plus claires, les plus grandes et les plus actives formeront la peau, l'épine dorsale, la moelle épinière, le cerveau et le squelette ; les plus petites, plus foncées et moins actives formeront l'appareil digestif et reproducteur. Ce blastoderme forme un dis-

que dont le centre est occupé par une pelli-
cule traversée par un sillon qui est la fonda-
tion de l'homme. Au bout de quinze jours le

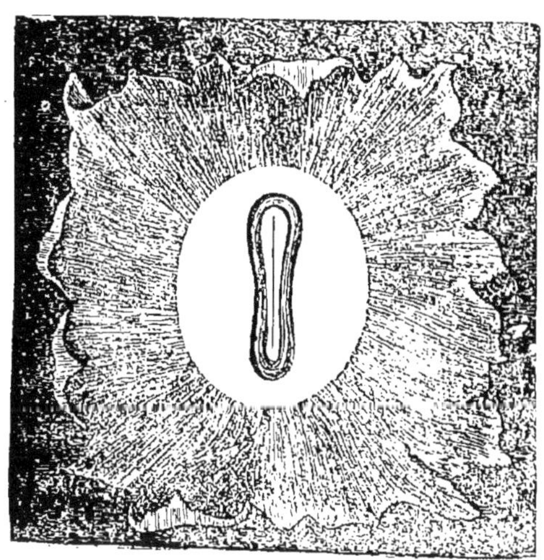

Tracé primitif.

blastoderme humain mesure deux millimè-
tres. En ce moment il ne se distingue nullement du poisson, du reptile, de l'oiseau ou
d'un autre mammifère.

Ce sillon s'élargit, ses bords s'épaississent,
s'élèvent en se rapprochant jusqu'à ce qu'ils

se joignent pour former un tube qui est destiné à contenir le cerveau et l'épine dorsale ; en même temps les rebords inférieurs du tracé primitif se rejoignent pour former la cavité abdominale.

Au bout de trois semaines il serait impossible de distinguer le fœtus humain de celui d'un singe ou d'un chien du même âge.

Au bout de quatre semaines, on distingue la tête, le cœur et presque toutes les parties essentielles du corps à l'état rudimentaire ; mais encore alors est-il impossible de trouver des indices quelconques pour le distinguer de l'embryon d'un lapin, d'un cheval ou de n'importe quel mammifère d'un ordre élevé. Il est vrai que la tête de l'homme est un peu plus grande que celle du porc et la queue un peu plus courte. Mais la queue de l'homme quand il a un mois est deux fois plus longue que ses jambes.

A huit semaines on distingue difficilement l'embryon humain des singes anthropoïdes, mais à partir de ce moment son caractère s'établit définitivement.

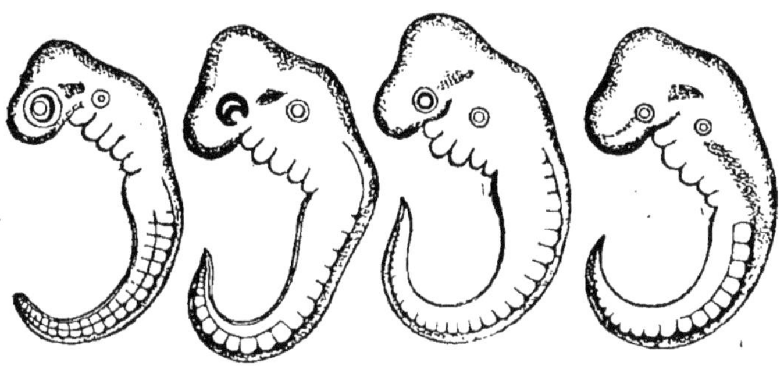

Embryons peu développés.

Poisson.   Poussin.   Cochon.   Homme

L'homme dans le sein de sa mère suit la même évolution embryogénésique que les animaux d'ordre inférieur; possédant d'abord les ouïes du poisson, puis les poumons à circulation simple du reptile; ensuite ayant la circulation double mais le diaphragme incomplet de l'oiseau; après, il apparaît comme quadrupède avec une prolongation du sacrum et un os intermaxillaire; et finalement se développe la charpente humaine.

Le cerveau suit dans son domaine propre la

même évolution que le reste du corps, ressemblant d'abord à celui d'un poisson, puis à celui d'un reptile, d'un oiseau, d'un quadrupède mammifère et finalement prenant la forme d'un cerveau humain.

Mais pourquoi les êtres humains ressemblent-ils aux protozoaires, aux vers, aux poissons, aux reptiles, aux oiseaux, aux mammifères inférieurs, avant de prendre leur type propre ?

Cette progression n'indique-t-elle pas la marche ascendante de l'homme ; n'indique-t-elle pas les diverses étapes de son évolution des formes les plus simples de la vie jusqu'à sa position actuelle en haut de l'échelle des êtres vivants ?

Scientifiquement on a le droit de conclure que s'il n'y avait jamais eu de protozoaire formé par la génération spontanée, il n'y aurait jamais eu un ver, partant jamais un poisson, un reptile, un oiseau, un singe ni un homme !

Voyons maintenant quelques autres considérations qui ne pourront qu'ajouter du poids aux résultats de cette comparaison embryogénésique.

La similitude anatomique entre l'homme et les animaux inférieurs est bien remarquable. Le nombre de membres des vertébrés de tous

Empreinte du Labyrinthodon.

les âges a été invariablement quatre. Les premiers poissons vrais avaient quatre nageoires ; celles de devant correspondant à nos bras, celles de derrière à nos jambes. Le reptile rampe à quatre pattes. L'oiseau n'en a que deux parce que ses bras sont devenus des ailes. On dit que les singes sont quadrumanes ; mais, en réalité, ils ont deux pieds préhensiles.

Nous avons nos cinq doigts en commun avec

un grand nombre d'animaux existants et de races éteintes. Les premières étoiles de mer avaient cinq doigts, comme les astéries d'aujourd'hui.

Le vieux labyrinthodon a laissé sur le grès triasique une empreinte qui ressemble merveilleusement à une rude main d'homme.

Dans le pied du rat musqué, dans la patte de l'ours et du lion, dans la nageoire du dauphin ou l'aviron de la baleine, on trouve le même nombre d'os et au même endroit que dans la main du philistin qui écrit un article contre la descendance naturelle de l'homme.

L'homme a au cou sept vertèbres cervicales, de même que la girafe qui broute des mimosées de vingt pieds de hauteur et que le cochon qui paraît presque n'avoir pas de cou.

Tous les singes d'un ordre élevé ont le même nombre de vertèbres que l'homme, leurs dents sont les mêmes et, en un mot, la similitude entre l'homme et le singe est si grande que jusqu'au seizième siècle on ensei-

gnait l'anatomie humaine d'après un squelette de singe.

Un argument très important en faveur de
l'origine commune de l'homme et de la bête

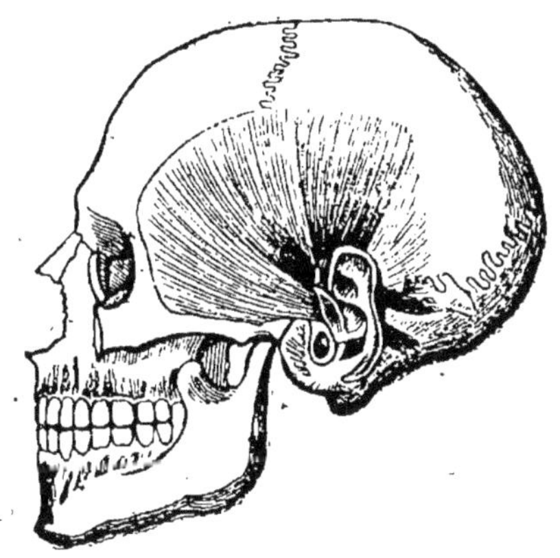

Muscle rudimentaire pour remuer l'oreille.

est fourni par l'existence sur le corps humain
d'organes rudimentaires dont il ne se sert
nullement, mais qui étaient utilisés par ses
ancêtres. Par exemple, il est rare qu'un
homme puisse arriver à remuer ses oreilles,
et il possède cependant un muscle spéciale-
ment adapté pour cet usage.

4.

Le squelette humain présente aussi un principe caudal.

Les recherches paléontologiques et géologiques viennent encore ajouter des documents qui, pour être fossiles, n'en sont pas moins remarquables et tendent tous vers le même but : la destruction des traditions bibliques de la création que même les plus orthodoxes des théologiens ne défendent plus aujourd'hui qu'au moyen d'expédients puérils.

D'un autre côté, le lecteur nous saura gré de ne pas entrer ici dans une étude anthropologique plus détaillée ; ce n'est pas l'endroit de développer des théories monogénistes ou polygénistes. Nous avons suffisamment indiqué la place que l'homme occupe dans la nature au point de vue scientifique et nous pouvons à présent passer à un autre ordre d'idées.

III

L'ÉVOLUTION RELIGIEUSE

Quand un enfant vient au monde, il a pour
parents un homme et une femme, d'un certain pays, d'une certaine race et d'une certaine religion. S'il est né en Afrique, il aura
la peau noire et sera fétichiste; s'il est né dans
l'Inde, il aura la peau moins foncée et sera
brahmaniste ; s'il est né en Chine, il aura la
peau jaune et sera bouddhiste exotérique; s'il
est né en Turquie, il aura le teint mat et sera
mahométan ; enfin s'il est né en Europe ou
en Amérique, il aura, avec un peu de pro-

preté, la peau blanche, voire même pétrie de lis et de roses, et appartiendra assez vraisemblablement à une des nombreuses sectes de la religion chrétienne.

Laissant de côté la race, la couleur et la croyance de ces individus, sont-ils autrement dissemblables? Parce qu'ils sont allogloses, allodapes et alleusèbes, sont-ils forcément allarques?

Evidemment non! Ils sont bâtis d'après le même modèle, leurs formes ont été coulées dans le même moule, leur sang circule de la même manière, leurs sens expriment les mêmes émotions et leurs organes sont identiques. Ces hommes qui ont une origine commune sont cependant bien séparés par la langue qu'ils parlent et le culte qu'ils pratiquent et ceci semble suffire pour les placer les uns vis-à-vis des autres dans la position d'ennemis.

Le brandon de discorde ne doit cependant pas être la langue, puisque les hommes d'une nàtion acquièrent facilement les dialectes des autres peuples sans abandonner leur langue maternelle ; tandis que pour embrasser une religion nouvelle, il faut toujours renier l'ancienne qu'on possédait. On ne peut être à la fois catholique et protestant, mahométan et bouddhiste, juif et parsi. Et c'est bien pour cela que nous pouvons dire que la religion a été un des principaux facteurs de luttes fratricides entre les hommes, puisqu'elle a même armé les uns contre les autres les membres de la même famille, les fils de la même mère.

Si nous n'énumerons que les principales croyances, voici quelle est, d'après les dernières recherches, la statistique religieuse générale du globe :

CHRÉTIENS 400 millions.	Catholiques... 200 millions.	
	Protestants... 110 —	
	Grecs........ 80 —	
	Sectes diverses........ 10 —	

	Bouddhistes..	508 millions.
	Brahmanistes.	150 —
	Mahométans..	30 —
NON CHRÉTIENS	Israélites.....	6 1/2 —
992 1/2 millions.	Religions di-	
	verses con-	
	nues.......	240 —
	Religions in-	
	connues....	16 —

Ces chiffres sont imposants et sembleraient
dénoter un pouvoir immense chez ces religions qui ont pu de la sorte accaparer tant
d'esprits. Telle serait, en effet, la conclusion
logique après un coup d'œil sur les chiffres
que nous venons d'aligner; mais en réalité
cette conclusion serait erronée. Et cela pour
la très simple raison que l'on choisit fort
rarement sa religion : la plupart du temps
elle nous est imposée par nos parents. L'histoire nous apprend que des nations entières
ont accepté une religion par la volonté d'un
seul homme appuyée sans doute par un certain nombre de sabres. La religion aujour-

d'hui s'inflige moins par la force qu'autrefois; elle est devenue surtout une affaire de
mode, de convenance, de respectabilité.

Elevé sur des bases aussi fragiles, il n'est
pas surprenant de voir le sentiment religieux
diminuer de jour en jour, à mesure que les
hommes, s'instruisant davantage, se débar-
rassent des superstitions des peuples en
enfance.

L'erreur peut triompher pendant des années
et même des siècles, mais il vient un moment où elle doit succomber.

La destinée de l'homme est subordonnée à
sa volonté : tous les croyants quels qu'il
soient ne seront responsables que de ce
qu'ils croient et cela malgré l'affirmation
cléricale qu'on a moralement tort de ne pas
ajouter foi à certaines propositions, quelque
négatives que soient les investigations scientifiques et mentales touchant ces propositions. Le champion clérical nous dit que
l'erreur religieuse est foncièrement immo-

rale ; il déclare qu'il a préjugé certaines conclusions et considère ceux qui réservent leur
opinion comme des émissaires de Satan.

Il s'en suit naturellement que pour l'homme
d'Église la possession de la *foi* prime la possession de la *vérité;* pour lui le but de la vie
est non de *savoir* mais de *croire*. Si l'on
analyse avec soin la nature de sa foi on trouvera souvent que loin d'être l'union mystique
avec le divin, telle que le conçoit l'enthou-
siaste religieux, elle se résume, en somme,
en une phrase mémorable : « *Credo quia
absurdum.* » La foi, ainsi comprise, n'est ni
plus ni moins que l'abomination de la déso-
lation ; et nous pouvons à la vérité dire que
le bien considérable effectué dans le monde
d'Occident par le christianisme a eu comme
contre-coup néfaste la doctrine infâme qui
consiste à dire que l'incrédulité honnête concernant des dogmes plus ou moins étonnants
est une offense morale, un péché mortel
entraînant les mêmes peines futures que le

vol ou le meurtre. Si nous pouvions seulement embrasser d'un seul coup d'œil les torrents d'hypocrisie qui sont venus de cette source pendant le cours de l'histoire des nations chrétiennes, nos pires imaginations de l'enfer pâliraient à côté de cette évocation.

Est-il quelque chose de plus poignant que l'*E pur si muove* de Galilée?

Toute science divine et humaine doit nous arriver par deux portes : celle des sens et celle de la raison.

Au philosophe l'existence de Dieu peut paraître reposer sur un syllogisme; aux yeux de l'historien elle repose sur l'évolution de la pensée humaine; au théosophe, elle repose sur la connaissance absolue de la Divinité.

La religion peut être définie comme la perception de l'Infini dans des manifestations susceptibles d'influencer le caractère moral de l'homme.

A ceux qui maintiennent que la religion est principalement un « *Modus cognoscendi*

Deum », nous répondrons que la perception doit précéder la conception et que Dieu n'est pas le seul objet de religion ; qu'en un mot, une définition aussi étroite exclurait les religions dualistes et polythéistes aussi bien que ces formes de foi qui rejettent l'idée d'un Dieu anthropomorphe.

A ceux qui s'accrochent à l'idée que la religion est une manière d'adorer Dieu « *Modus colendi Deum* », nous répondrons que du moment que le culte est l'expression sincère de sentiments moraux il se trouve compris dans notre définition, tandis que, quand il ne l'est pas, il devient de la superstition purement et simplement. La définition de Kant, qui nous présente la religion comme la reconnaissance de nos devoirs pour des commandements de Dieu, est aussi comprise dans la nôtre ; car, par le fait, elle représente seulement un état postérieur et plus développé de la perception originelle de l'Infini qui règle notre conduite morale.

Si nous faisons encore un pas en avant, en reconnaissant dans la religion la capitulation du « fini à l'Infini », nous avons encore ici la réalisation la plus complète de la conception première d'une puissance qui ne nous est pas étrangère et qui veut le bien.

Quand les hommes commencent à se sentir forcés de faire des choses qui ne leur plaisent pas ou de s'abstenir de celles qui leur plaisent pour rendre propice une puissance inconnue qu'ils ont découverte derrière le nuage menaçant, dans le ciel, le soleil ou la lune, alors sommes-nous bien sûrement sur le terrain religieux.

Dans l'antiquité, la science n'était pas séparée de la religion ; au contraire, la science eut son origine dans la religion. Ce fut la religion qui essaya d'abord de soulever un coin du voile de la nature et de sonder des problèmes obscurs. Les premiers observatoires astronomiques étaient les tours des temples de Babylone.

Quand on se demanda d'abord d'où venaient la pluie, les éclairs, le tonnerre, la réponse fut que la pluie venait de Ζεύς Ὑέτιος en Grèce, de *Jupiter Pluvius* en Italie, de Parganya ou Indra dans l'Inde ; les éclairs de Ζεύς Κεραύνιος, *Jupiter Fulgurator ;* et le tonnerre de Ζεύς ὑψιβρεμέτης, *Jupiter tonans.*

Plus tard, quand ces réponses ne parurent plus satisfaisantes, d'autres furent proposées et la science expliqua que la foudre était une décharge électrique, le tonnerre une tension de l'atmosphère, la pluie une condensation de vapeur.

Les choses à expliquer étaient toujours les mêmes, mais l'esprit qui demandait à être renseigné n'était plus le même. Cependant, encore aujourd'hui en plein dix-neuvième siècle, il arrive parfois dans les églises que l'on offre des prières pour demander la pluie : *ad pluviam petendam.* Ceci veut donc dire que la religion n'a pas progressé en même temps que la science et nous permet de définir leurs rôles respectifs. Les deux traitent de questions qui gisent derrière ou au delà de notre entendement; mais pendant que la science cherche les causes des effets, quelles que soient ces causes, la religion se contente d'admettre des intermédiaires fantaisistes qui prennent les aspects les plus divers selon le génie de chaque peuple.

Le jour où les dieux ont été invoqués comme des êtres puissants pouvant nuire à l'homme, mais capables de le protéger, des relations mutuelles, sont bientôt établies entre Dieu et l'homme; et ce dernier prétend bien faire afin d'éviter le mal et d'échapper à la colère céleste.

Ceci constitua le fondement de la morale religieuse basée sur une croyance en des divinités purement physiques. Ce n'était évidemment pas une morale très exaltée; elle s'inspirait surtout du principe égoïste : « *Do ut des* », mais elle contenait des germes qui pouvaient croître et embellir.

Jusqu'à tout récemment, on trouvait difficilement des hommes n'ayant aucune religion ; mais, dans ces dernières années, les écoles agnostiques, matérialistes, positivistes ont fait beaucoup de prosélytes dont le point de départ sur le chemin de l'Athéisme est, chose étrange, le Darwinisme.

Cependant la théorie Darwinienne, même quand on la pousse à ses extrêmes conclusions logiques, non seulement ne s'oppose pas à une croyance dans la nature spirituelle de l'homme, mais elle y tend au contraire ; elle y prête au contraire, son concours. Elle nous montre, il est vrai, comment le corps de l'homme a pu se développer de celui d'un animal inférieur par la loi de la sélection naturelle ; mais elle nous apprend d'un autre côté que nous possédons des facultés morales et intellectuelles qui n'ont pu se développer de la sorte et que, par conséquent, elles doivent avoir une autre origine.

On objectera sans doute que la continuité

reconnue de la descendance de l'homme de la bête, n'admet pas l'intervention de causes nouvelles et que nous n'avons aucune évidence du changement subit qu'une telle intervention n'aurait pas manqué de produire.

Disons d'abord que l'intervention de nouvelles causes ne devait pas forcément produire une solution de continuité, ni aucun changement abrupt et faisons ensuite remarquer qu'il y a, au moins, trois étapes dans l'Evolution du monde organique, où des nouvelles causes ou puissances ont forcément dû se manifester.

La première étape est celle où la nature passa de l'état inorganique à l'état organique, quand la première cellule végétale, ou le protoplasme vivant dont elle sortit, fit son apparition. On essaye souvent d'expliquer ce changement en l'attribuant à une augmentation de complexité, suivie d'instabilité; ceci, en effet, aurait pu suffire pour produire le protoplasme comme composé chimique, mais non le protoplasme vivant, le protoplasme qui a les facultés de la croissance, de là re-production, et de ce procédé continu de dé-veloppement qui a donné pour résultat la variété merveilleuse et l'organisation com-plexe du règne végétal. Il y a dans tout ceci quelque chose qui est bien distinct des changements chimiques, quelque complexes qu'ils soient; et on peut bien dire que la première cellule végétale fut une chose nouvelle au monde, possédant des facultés nouvelles — celle d'extraire le carbone de l'atmosphère, celle de la reproduction infinie et, chose encore plus merveilleuse, la faculté de varier à l'infini.

Ici donc nous avons déjà l'indication de l'intervention d'un facteur nouveau que nous pouvons appeler la « Vie ».

La prochaine étape est faite pour nous étonner bien davantage et pour défier en même temps toute explication au moyen des lois ordinaires de la matière et du mouvement. Il s'agit ici de l'apparition de la sensation, de la conscience, qui constituent les distinctions fondamentales entre les règnes animal et végétal.

Expliquer ce changement par une complexité plus grande de la constitution atomique, comme le font quelques savants de l'Ecole ultra-réaliste, paraît bien puéril. Il est donc bien évident que nous avons ici affaire avec un nouveau facteur, avec le « moi ». Aucune explication scientifique n'arrive à satisfaire notre esprit sur ce point. On a beau nous dire que la vie est le résultat des forces moléculaires du protoplasme ou que tout l'Univers organique actuel, depuis l'amibe jusqu'à l'homme, se trouvait à l'état latent dans la poussière cosmique, qui a développé notre système solaire; nous restons incrédules, et cherchons ailleurs la solution de ce problème.

La troisième et dernière étape est marquée par l'homme, ce stupéfiant jalon planté dans

5.

ce monde de matière. Les facultés transcendantes que nous trouvons chez l'homme
et qui le placent bien au-dessus de la bête,
dont il est cependant si rapproché au point
de vue physique, sont-elles aussi dues à
une nouvelle complexité d'atomes? Non,
n'est-ce pas? Ces facultés n'ont pu être développées par les mêmes lois qui régissent le
monde organique, en général. Ces trois
étapes, dans l'évolution du monde inorganique jusqu'à l'homme, indiquent assez clai-
rement qu'à côté du monde visible doit
exister un monde invisible — du moins pour
les yeux vulgaires; — elles indiquent qu'à
côté de l'Univers de Matière, il y a l'Univers
de l'Esprit, auquel le premier est subordonné.
C'est à cet Univers spirituel que nous devons
attribuer toutes ces forces merveilleuses que
nous ne voyons pas, mais dont l'existence
est mathématiquement certaine, ces forces
que l'on nomme la gravitation, la cohésion,
l'électricité, sans lesquelles l'Univers ne pour-

rait exister un instant dans son état actuel,
et peut-être pas du tout ; puisque sans ces
forces et d'autres appelées atomiques, il n'y
aurait sans doute pas de matière. Et bien
plus sûrement encore, pouvons-nous attribuer à cet Univers spirituel, les manifestations progressives de vie, dans le végétal,
l'animal et l'homme ; lesquelles manifestations peuvent être qualifiées : inconsciente,
consciente et intellectuelle, et qui dépendent
évidemment d'une intensité plus ou moins
grande d'influx spirituel. Ceci n'implique aucune infraction à la loi de continuité dans
l'évolution physique ou psychique. Il s'ensuit que quelles que soient les difficultés que
nous trouvions à discerner les formes inorganiques d'avec les formes organiques, les
organismes végétaux d'avec les organismes
animaux et ces derniers d'avec l'homme,
ces influences n'ont aucune portée sur la
question qui nous occupe. Celle-ci se décide,
en démontrant, comme nous venons de le

faire, que des changements dans la nature essentielle — dus sans doute à des causes d'un ordre plus élevé que celles qui régissent l'Univers de matière — ont eu lieu aux étapes que nous avons indiquées ; changements non moins réels parce qu'ils étaient absolument imperceptibles à leur point d'origine.

Donc nous pouvons et devons reconnaître que la nature spirituelle de l'homme n'est nullement en contradiction avec la théorie du transformisme, mais qu'elle dépend de ces mêmes lois et causes qui fournissent à l'Evolution ses matières premières.

Nous pouvons de la sorte échapper à la cruelle perspective qui se présente à ceux qui, prétendant que nous, en commun avec le reste de la nature, ne sommes que les produits de forces aveugles, et croyant que le temps viendra quand le soleil perdra sa chaleur et toute vie s'éteindra sur la terre — doivent contempler dans un avenir appréciable, le moment où ce monde, qui depuis des milliers d'années a lentement développé d'innombrables formes de beauté et de vie dont le point culminant est l'homme, sera comme s'il n'avait jamais existé; qui sont obligés de supposer que les lents progrès de l'humanité luttant pour une vie plus élevée, l'agonie de nos martyrs, les cris de nos victimes, tous les maux, toutes les misères et les souffrances imméritées des âges, toutes les luttes pour la liberté, tous les efforts vers la justice, toutes les aspirations vers la vertu et le bien être de l'humanité, tout cela s'évanouira comme un songe, sans laisser la moindre trace !

En contraste frappant avec cette croyance désespérante, ceux qui admettent l'existence d'un monde spirituel, peuvent contempler l'Univers comme un ensemble harmonieux dans toutes ses parties qui convergent vers un but sublime : le développement d'êtres immatériels, divins, susceptibles de la perfection suprême et de l'immortalité.

A ceux-là l'unique tendance, la raison d'être
du monde — avec toutes ses complexités de
structure physiques, avec ses procédés géologiques, la longue évolution des règnes,
animal et végétal et l'apparition finale de
l'homme — n'est autre que le développement
des phénomènes psychiques dans le corps
humain. En prenant pour base que l'esprit de
l'homme, l'homme lui-même, s'est ainsi développé, nous pouvons bien admettre que
c'était la seule ou, en tous les cas, la meilleure manière pour arriver à ce résultat ; et
nous devons voir dans ce qu'on appelle généralement le « mal » sur la terre, un des
moyens les plus sûrs pour atteindre ce but.
Nous savons, en effet, que les facultés les
plus nobles de l'homme sont fortifiées et per-
fectionnées par la lutte et l'effort : c'est par
une guerre incessante contre les maux physiques et au milieu de difficultés et de dangers
que l'énergie, le courage, l'industrie et la confiance en soi sont devenus l'héritage commun

des nations d'Occident ; c'est par la lutte avec
le mal moral sous toutes ses formes, que les
qualités encore plus nobles de la justice, de
la charité, de la bonté, de l'humanité et de
l'abnégation ont pu conquérir la place qu'elles
occupent dans les âmes d'élite. Les êtres
ainsi entraînés et aguerris par leur environnement et possédant des facultés latentes susceptibles d'un tel développement, sont sûrement destinés à une existence permanente
et supérieure.

Ainsi, d'un côté, nous voyons que les découvertes de la science ont si bien établi l'opération d'une loi universelle qu'il est devenu
impossible aux hommes instruits et sincères
de garder la foi de leurs ancêtres dans les
dogmes et les miracles nullement prouvés ; et
de l'autre, une vue plus large de l'homme et
de son histoire nous montre que l'idée religieuse est un élément essentiel de la nature
humaine et que nos meilleurs sentiments,
tels que l'amour, l'espérance, la conscience

chercheront toujours leur source dans un monde invisible. Il s'en suit que la foi va en diminuant, tandis que la charité augmente. Moins de gens restent attachés aux vieilles croyances et ceux qui y restent encore attachés le sont par des liens de plus en plus faibles, tandis que, sensibles au bien qu'elles ont fait, on les dénonce moins parce qu'on reconnaît la beauté de leurs idées essentielles, de leurs vérités ésotériques.

Aussi longtemps que le scepticisme a été le domaine privé d'un nombre limité de savants, il était permis de le considérer comme une simple exagération d'un certain ordre d'idées exclusivement poursuivi ; mais depuis que la science est devenue pour ainsi dire du domaine public et que ses eaux régénératrices s'offrent à tout le monde, il n'est plus possible de le représenter comme une aberration exceptionnelle. Ce que les grands penseurs croient aujourd'hui, sera accepté par la masse de penseurs demain et accepté le lendemain par le *servum pecus* qui ne pense pas. C'est à peu près le cas à l'heure actuelle ; les grands penseurs ont prononcé leur arrêt, la grande masse de penseurs a suivi et la foule qui ne pense pas hésite encore, mais va bientôt se rallier. Ce n'est plus chez ceux qui pensent une question de foi absolue opposée au scepticisme absolu, mais du degré plus ou moins faible de la foi qui reste et résiste encore.

Non seulement la foi dans le surnaturel, comme agent direct et immédiat dans les phénomènes du monde de matière et de vie, est mise en cause ; mais la démonstration de la « *Struggle for life* et de la « *Survival of the fittest*, a soulevé de nouveau et d'une manière bien plus intense les graves questions concernant la constitution morale de l'univers et l'origine du mal, qui préoccupent depuis si longtemps les esprits supérieurs.

Est-il vrai que l'amour soit la loi ultime de la création, quand nous voyons le peu de cas

que l'on fait de la vie, les cruelles guerres que
se livrent les individus et les espèces dans les
luttes pour l'existence, l'indifférence cynique
qui semble exister dans la nature pour la
souffrance? Il meurt environ 3.600 millions
d'êtres humains par siècle, et sur ce nombre,
vingt pour cent, soit 720 millions d'hommes,
meurent avant d'avoir atteint la connaissance
de soi. Que deviennent-ils? Pourquoi sont-ils
nés? Sont-ils les « laissés pour compte » de
la nature, jetés dans le vide, au rebut? Pouvez-vous répondre à ces questions?

Nous sommes forcés d'admettre que, de
même que l'univers matériel n'est pas, comme
nous l'avons jadis pensé, réglé d'après nos
mesures et dirigé par une intelligence semblable à la notre; ainsi en est-il de l'univers
moral qui ne peut s'expliquer en agrandis-
sant simplement nos propres idées morales
et en attribuant tout à l'action d'un être qui
fait exactement ce que nous aurions fait à
sa place. Cette conception anthropomorphe

nous conduit fatalement au dilemme suivant :

Aucun homme sincère en regardant dans
les profondeurs de son âme, ou en considérant
ce qui se passe dans le monde où il vit, ne
pourra mettre en doute l'existence à côté de
ce qui est bon, généreux, noble et sage, de
beaucoup qui est mauvais, vil, sot et mé-
chant. Si la logique nous oblige à considérer
l'auteur de ce qui est bon comme bon lui-
même ; la même logique n'exige-t-elle pas
que nous considérions l'auteur du mal comme
mauvais lui-même ? En un mot nous sommes
obligés d'accepter l'idée d'un Dieu, dualiste,
moitié bon, moitié mauvais ou d'adopter la
théorie de Zoroastre qui concevait l'univers
régi tour à tour par Ormuzd et Ahrimane, un
bon et un mauvais esprit luttant avec un
succès intermittent pour l'empire du monde.
On ne peut échapper à ce dilemme qu'à la
condition d'adopter franchement la doctrine
théosophique d'un Parabrahm et d'un univers dont nous pouvons tracer toutes les lois,

et d'abandonner pour toujours la conception erronée d'un Dieu anthropomorphe.

Les lois de la nature ne sont autre chose que le mode de manifestation de la divinité et en ce sens elles peuvent être considérées comme la divinité elle-même ; de même que les actes de l'homme au moyen de ses doigts, de ses membres font partie de lui-même.

Et maintenant, pour conclure, quelle sera l'évolution religieuse de l'avenir ? D'un côté il n'est pas raisonnable de supposer que les changements qui ont amené la conscience religieuse à son état présent vont cesser subitement ; de l'autre, il n'est pas raisonnable de supposer que la conscience religieuse naturellement engendrée, ainsi que nous l'avons vu, va disparaître et laisser une place vide. Elle doit évidemment subir d'autres changements, et, quels qu'ils soient, continuer d'exister.

Mais ni le christianisme positif avec le polythéisme de sa Trinité, ni le protestantisme libéral avec son théisme personnel, abstrait ne sont capables de donner satisfaction au besoin ressenti. D'après l'histoire des religions on ne peut atteindre ce qu'on cherche que par une synthèse du développement religieux hindou.

C'est ici que la Théosophie se présente comme le seul système de religion et de philosophie pouvant réconcilier les vérités scientifiques avec les aspirations spirituelles.

IV

On peut définir le langage comme le
moyen d'exprimer la pensée humaine par les
mots parlés ou écrits. Dans un sens plus
large on peut dire que tout ce qui exprime
une pensée est un langage; un monument
ancien, par sa forme, par son architecture, ne
nous fait-il pas connaître le génie du peuple
qui l'a élevé? Mais au point de vue scientifique
il faut nécessairement restreindre la définition et considérer le langage comme un ins-
trument au moyen duquel les hommes font

connaître, d'une manière intelligente et consciente, leurs pensées aux autres hommes.

Ainsi considéré, le langage est un des plus hauts attributs de l'espèce humaine. Aristote l'a fort bien dit : « Les animaux ont la voix ; l'homme a la parole. » Les langues, c'est-à-dire les formes variées que le langage revêt chez les diverses races humaines et leurs subdivisions ont, par cela même, une importance à part.

Jamais une espèce animale n'a échangé sa *voix* contre celle d'une espèce voisine. L'ânon allaité par une jument et isolé au milieu des chevaux ne désapprend pas à braire pour apprendre à hennir. Au contraire, chacun sait bien que le Blanc le plus pur, placé dès son bas âge au milieu des Chinois et des Nègres, ne parlera que leur langue et que la réciproque est vraie.

C'est que la *voix animale* est un caractère fondamental, tenant évidemment à la nature de l'être, susceptible de légères modifications, mais ne pouvant disparaître et se transmettant intégralement ; c'est un *caractère d'espèce*.

La *langue humaine* n'est rien de pareil. Elle est essentiellement variable et se modifie de génération en génération ; elle se transforme, elle emprunte et elle perd ; elle est remplacée par une autre ; elle est manifestement sous la dépendance de l'intelligence et du milieu. On ne peut donc voir en elle qu'un caractère secondaire, un *caractère de race*.

Au point de vue linguistique, l'attribut spécifique de l'homme n'est pas la *langue spéciale* qu'il emploie ; c'est la *faculté d'articulation*, la *parole* qui lui a permis de créer un premier langage et de le varier à l'infini, grâce à son intelligence et à sa volonté plus ou moins impressionnées par une foule de circonstances.

Prétendre, pour expliquer la variété des langues, que le pouvoir de s'exprimer a été virtuellement différent dans les races différentes ;

6

qu'une langue a contenu, dès l'origine et dans ses matériaux primitifs, un principe formatif qui ne se trouvait pas dans une autre ; que les éléments employés pour un usage formel, étaient formels par nature, et ainsi de suite, c'est là de la pure mythologie.

Il n'existe aucune corrélation entre nos mots et les pensées ou choses qu'ils représentent : la parole humaine est en tout et pour tout de la pure convention ; aucune articulation ou combinaison de sons ne répond à une conception intellectuelle. Le langage parlé a eu son origine dans un cri de joie ou de douleur qu'on répéta en l'imitant quand on a vu qu'il était compris : le langage n'eut pas d'autre origine. Toutes les langues sont issues d'un seul cri poussé par un homme et compris par un autre homme. On peut dire en somme que le langage a été créé par le désir de communication ; et sans cet instinct de sociabilité, très puissant chez l'homme, il est probable que l'espèce humaine n'existerait pas à l'état de développement où nous la voyons aujourd'hui. Le langage a été le véhicule de la pensée et de l'intelligence; sans lui, l'homme ne serait guère plus élevé que le singe qu'il renie comme ancêtre.

Tout le monde admet que les langages humains se ramènent à trois groupes fondamentaux, comprenant: l'un, les langues monosyllabiques ou coulantes; le second, les langues agglutinatives ou composantes; le troisième, les langues à flexion. Ainsi, il existe trois types linguistiques comme trois types physiques. Il n'est pas sans intérêt de rechercher quels rapports se manifestent entre les caractères empruntés à ces deux ordres de considérations.

Les langues monosyllabiques représentent l'état le plus rudimentaire du langage humain, qui n'est en outre arrivé à la flexion qu'en passant par la période d'agglutination. Considérées à ce point de vue, les langues ont été en se perfectionnant progressivement, et il est naturel de se demander si le degré général d'élévation des races correspond à celui du développement du langage.

En juxtaposant les résultats des études linguistiques et physiques, on reconnaît bien vite qu'il n'en est rien. La langue monosyllabique par excellence, le chinois, est parlée par une des populations les plus anciennement civilisées et dont le fond appartient au type Jaune.

Les tribus les plus bas placées relevant du type nègre, parlent, au contraire, des langues agglutinatives, c'est-à-dire parvenues au second rang.

Toutefois, on doit remarquer que le plus grand nombre des Blancs parlent des langues qui ont atteint le plus haut degré de développement, des langues à flexion. Les Blancs allophyles seuls en sont encore à l'agglutination.

Si l'on jette les yeux sur la carte, on constate quelques faits généraux assez intéressants.

Les langues monosyllabiques s'y montrent comme cantonnées en Asie seulement et occupent un espace fort restreint. Elles ont dû, même, former autrefois une sorte d'État borné par la mer à l'Est, et sur tous les autres points par des langues agglutinatives.

La conquête aryane les a seule mises en contact avec les langues à flexion.

Celles-ci, aujourd'hui répandues partout, ont été longtemps confinées dans l'Ancien Continent, dont elles étaient loin, d'ailleurs, d'occuper la plus grande partie. Leur expansion date des grandes découvertes modernes.

Les langues à développement intermédiaire, les langues agglutinatives, occupaient avant cette époque, comme aujourd'hui encore, la majeure partie du sol. Nous ignorons à quel moment elles ont perdu du terrain en Europe; mais déjà nous pouvons presque affirmer qu'elles y ont dominé jadis.

Probablement, elles occupaient en entier cette partie du monde avant l'invasion ou

6.

l'infiltration aryane. Peut-être furent-elles parlées par l'homme quaternaire. Quoi qu'il en soit, avant les grandes émigrations toutes récentes des races européennes, les langues agglutinatives avaient conservé la plus grande partie de l'Asie, la presque totalité de l'Afrique, l'Amérique et l'Océanie entières.

En relevant approximativement les aires occupées par les trois groupes fondamentaux de langues, on trouve que les langues agglutinatives occupaient naguère à elles seules environ 22/25 du sol, les langues à flexion 3/15, les langues monosyllabiques 1/25; soit, à peu près : 71/100, 20/100 et 6/300.

Les langues agglutinatives l'emportent encore sur les autres par leur nombre. Et enfin, le chiffre des nations, peuplades ou tribus parlant ces mêmes langues est, aussi, bien supérieur à celui des groupes qui parlent des langues monosyllabiques et des langues à flexion.

Mais on sait combien peu la population

d'une contrée est en rapport soit avec l'étendue des terres soit avec le nombre des groupes humains qui la peuplent. Pour se faire une idée de l'importance du rôle joué à la surface du globe par une langue ou un groupe de langues, il faut compter les individus qui en font usage. Or, en rapprochant les données statistiques et linguistiques, nous trouvons que les langues à flexion sont parlées par 536,700,000 êtres humains; les langues monosyllabiques par 449,000,000; les langues agglutinatives par 216,550,000 seulement.

L'universalité de langage prouve simplement que toutes les races humaines existent depuis assez longtemps pour avoir développé cette capacité qui les distingue des autres animaux.

La différence essentielle qui sépare le moyen de communication, rôle de l'homme d'avec celui des bêtes, réside en ceci que le premier est conventionnel ou arbitraire, tandis que le second est instinctif.

V

L'ÉVOLUTION SOCIALE

Si l'homme, d'accord avec la tradition mosaïque, n'a fait son-apparition sur cette planète qu'il y a six mille ans, alors pouvons-nous être bien certains qu'il n'est pas d'origine naturelle; car rien moins qu'un miracle n'aurait pu lui donner en si peu de temps la perfection qu'il avait certainement à cette époque.

Si nous prouvons qu'il existe depuis cent mille ans, au moins, cela ne l'empêcherait évidemment pas d'avoir été créé miraculeusement, mais cela détruirait bien sûrement la tradition biblique que beaucoup d'âmes, aussi ignorantes que naïves, tiennent encore pour la vérité. Grâce aux progrès énormes faits par la science géologique, l'évidence en faveur de la haute antiquité de l'homme est aujourd'hui irrécusable. Comparée à cette antiquité, notre période historique ne date, pour ainsi dire, que d'hier; il est bien certain, par exemple, que l'Egypte était un pays très civilisé il y a sept mille ans.

La géologie a fait pour le temps ce que l'astronomie a fait pour l'espace — elle a reculé les bornes posées par l'erronée tradition biblique et elle nous montre le temps comme infini.

Les géologues procèdent avec la terre comme vous, lecteurs, avec ce livre : vous lisez la première page, puis vous la soulevez et passez à la seconde et ainsi de suite jusqu'à la fin.

Les couches déposées pendant les différentes périodes de la formation de la croûte terrestre permettent au savant de lire son his-

toire et de déterminer à peu près son antiquité.

L'épaisseur totale des couches connues est
d'environ 130,000 pieds, c'est-à-dire environ
1/160 du rayon de la terre.

Or, si l'homme a procédé graduellement,
par étapes successives, de la forme organique
la plus simple, nous devons trouver, en fouil-
lant dans ces couches géologiques, l'histoire
de ces étapes. En d'autres mots, en suivant
la trace des êtres vivants à travers les annales
fossiles, nous devons découvrir un tableau
synoptique de l'évolution de l'homme. C'est,
en effet, ce qui arrive.

A partir de l'époque miocène tertiaire, toutes traces de l'homme disparaissent, mais les
singes sont encore nombreux. A mesure que
nous descendons, ces derniers deviennent
plus petits comme corps et comme cerveau et
dans les couches crétacées il n'y en a plus
trace. Les mammifères se rencontrent encore
jusqu'à l'étage triasique où ils sont plus pe-

tits que le lapin ; puis nous ne trouvons plus que les reptiles, les amphibies, les poissons, les coquillages et enfin le plasma primitif d'où toutes choses sont sorties.

De son côté la paléontologie, cousine de la géologie, nous apprend que l'homme a traversé successivement l'âge de pierre, l'âge de bronze et l'âge de fer. On a trouvé parmi les ossements d'animaux, dont la race est disparue, des silex taillés en forme de haches ou de flèches. Quelque grossiers et rudimentaires que fussent ces instruments, ils montrent cependant que l'homme miocène connaissait déjà le feu et taillait les silex; il avait donc une industrie et, selon toute probabilité, se nourrissait en partie d'aliments cuits.

A coup sûr l'homme de la vallée de la Somme, avec ses petites flèches en losange taillées d'un seul côté, avec ses haches grossières, savait attaquer et vaincre les grands mammifères, ses contemporains.

Il possédait des racloirs, servant sans doute

à préparer les peaux, des perçoirs qui peut-
être, remplaçaient nos aiguilles. Les mêmes
instruments en pierre que l'on trouve dans la
vallée de la Somme, on les trouve aussi dans
la vallée du Nil; ce qui prouve que les anciens

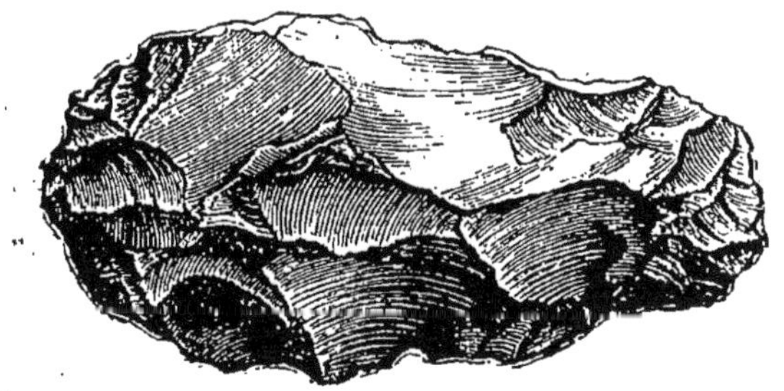

Silex de lance de l'âge de pierre trouvé dans des couches de
gravier près d'Abbeville (Somme).

Égyptiens ne sont pas arrivés du premier coup
à construire ces pyramides qui nous émer-
veillent encore aujourd'hui, à l'époque de la
hideuse tour Eiffel.

Les habitations lacustres de la Suisse et du
nord de l'Italie, nous donnent les détails les
plus curieux sur l'âge de bronze et la période
la plus récente de l'âge de pierre. On a trouvé

au fond de ces lacs plus de 5,000 objets de bronze et quelques objets de pierre, dont on commençait à ne plus se servir; mais pas le moindre ustensile en fer, qu'on ne fabriqua que plus tard. Les hommes de l'âge de bronze savaient déjà tisser et faire de la poterie grossière.

Plus nous remontons et plus nous retrouvons l'homme à l'état de brute, vivant dans les cavernes, les troncs d'arbres et luttant avec la férocité d'un fauve contre les animaux dont il devait faire sa proie, s'il ne voulait devenir la leur. Ceci est encore une des preuves de l'origine naturelle de l'homme; car, s'il était sorti des mains du Créateur, il eût été d'abord parfait et eût ensuite dégénéré, tandis que c'est le contraire qui a eu lieu.

L'homme primitif était une brute, rien qu'une brute.

La conformation du front de l'homme de Néanderthal ressemble bien plus à celle du singe qu'à celle d'un Européen de nos jours,

ainsi qu'on en peut juger par le tracé ci-dessous.

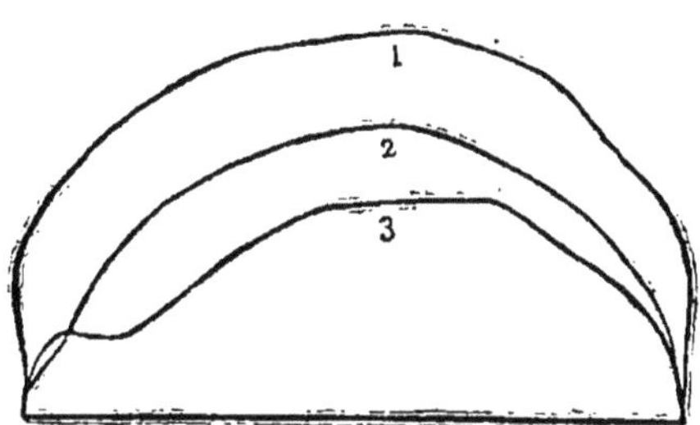

Comparaison de crânes.
1, Européen ; 2, Néanderthal ; 3, Chimpanzé.

Ainsi que nous l'avons déjà dit dans le chapitre sur l'évolution linguistique, le langage
fut sans doute le point de départ du développement intellectuel des hommes ; le pouvoir
de communiquer leurs idées au moyen de sons
conventionnels mais intelligibles fut le lien
magique qui devait unir l'humanité dans sa
marche ascensionnelle vers le progrès.

Les types de l'homme, tels qu'ils existent à
l'heure actuelle, sont tous fort anciens. Voici
une représentation de quatre races humaines
trouvée dans le tombeau de Seti-Menephta Ier à

Thèbes et qui date d'environ 3,400 ans. Ces figures sont coloriées rouge, jaune, noir et blanc et les types qu'elles représentent sont encore fort exacts aujourd'hui. Les Égyptiens con-

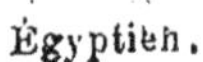
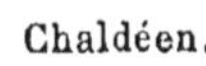

Égyptien.   Chaldéen.   Nègre.   Caucasien.

naissaient des Nègres il y a plus de quatre mille trois cents ans.

L'absurdité de la légende mosaïque n'est plus à réfuter.

Le lent développement social de l'homme s'est accompli un peu comme son évolution physique. Certes nous sommes encore loin de l'homme idéal! Le produit que nous voyons

et coudoyons en cette fin de siècle est sans
doute plus intelligent que celui qui portait le
crâne de Néanderthal sur ses épaules, mais
vaut-il beaucoup mieux? N'est-il pas livré à
lui-même, aussi brutal que le descendant direct des singes anthropoïdes? Voyez ce qui arrive dans un incendie de théâtre, ou n'importe
quel mouvement de panique ou de terreur
d'une foule assemblée : l'homme, dans les
occasions où la peur le saisit aux entrailles, agit-
il autrement que les fauves? Toutes les belles
théories sur la fraternité, le sacrifice, disparaissent au moment du danger et l'homme re-
devenu brute ne songe qu'à sauver sa peau
que le feu menace. Remarquez que le même
homme qui piétine femmes et enfants pour
sortir d'une maison incendiée aurait été par-
faitement capable, se trouvant dehors et non
en danger, de se jeter dans ce même brasier
pour sauver la femme et les enfants qu'il vient
de piétiner. C'est le cas du monsieur qui se sui-
cide parce qu'il a eu peur de se battre en duel.

La petite Parisienne détraquée, névrosée, serait sans doute bien indignée si on la comparaît à la Vénus hottentote, dont cependant elle s'est plue à imiter artificiellement en l'exagérant, la difformité naturelle, il y a peu de mois encore ; mais, entre nous, sauf quelques livres de chair de plus à un certain endroit, et une différence de pigment sous-cutané, qu'est-ce qui les distingue ? Pas grand'chose, allez ! L'une se transformerait dans l'autre plus vite que vous ne croyez.

Vénus hottentote.

Nous n'avons pas à nous occuper dans ce chapitre, où nous ne traitons que le côté scientifique des choses, des données théosophiques qui indiquent comme certaine l'existence autrefois sur cette planète, de peuples dont la civilisation était bien supérieure à la nôtre ; les Atlantides, par exemple, habitants d'un continent aujourd'hui au fond de l'Océan.

Au reste, il importe peu au but immédiat de ce livre que l'on accorde à l'homme une existence plus ou moins longue sur cette terre. Les conclusions auxquelles nous sommes arrivés, quant à sa place dans l'Univers et la vérité historique d'anciennes croyances sont exactement les mêmes que l'homme se soit développé pendant les cinquante mille dernières années d'une période de 15 millions d'années, ou pendant les 500,000 dernières années d'une période de 150 millions d'années.

Ceux qui se considèrent heureux d'être nés à notre époque de civilisation, au lieu d'avoir existé à l'âge de pierre, feraient bien de montrer qu'ils sont dignes d'appartenir à un siècle plus éclairé en s'efforçant de répandre davantage la lumière que l'on cache encore trop souvent sous le boisseau ; sans quoi ils seront toujours, encore et quand même, malgré les effets de décor des hommes primitifs dans toute l'acceptation du mot.

VI

L'ÉVOLUTION PHILOSOPHIQUE

Avant d'aborder l'étude de la théosophie, il nous reste encore à consacrer quelques lignes à l'évolution philosophique, qui fait assez naturellement suite aux évolutions cosmique, anthropologique, sociale, linguistique et religieuse ; de la sorte, nous aurons complètement déblayé le terrain.

De même que la science, la philosophie contemporaine s'est beaucoup préoccupée de sa propre évolution. Pour expliquer le développement de la philosophie, on peut la

7.

considérer au point de vue psychologique, c'est le système des criticistes et des évolutionistes ; au point de vue moitié psychologique, moitié sociologique, c'est la méthode des positivistes ; et au point de vue purement sociologique, qui compte aussi ses adhérents.

A la vérité, on peut dire, et nous allons essayer de le démontrer, que la philosophie du passé et la philosophie moderne ont une idée fondamentale et, de plus, que la théorie psychologique de l'évolution de la philosophie, loin de contredire l'explication sociologique des menus faits y est virtuellement contenue.

La genèse de la philosophie moderne est encore l'objet de discussions fort vagues et souvent peu scientifiques. Presque toutes les théories finissent par ranger tous les systèmes en deux classes représentant le dogmatisme ou l'ancienne métaphysique et le scepticisme ou l'esprit scientifique ; et pour justi-

fier cette opinion on dit que nulle philosophie ne saurait échapper au dilemme suivant :
ou construire une ontologie et tomber dans les
hypothèses, ou n'en pas constituer du tout et
alors se passer de dogmatisme ; ou l'hypothèse avec ses incertitudes, ou le scepticisme
et ses conséquences. Mais les incertitudes de
l'hypothèse sont précisément les conséquences
du scepticisme, et *vice versa*.

La question entre le dogmatisme et le scepticisme est de la sorte mal posée ; ces deux
systèmes de philosophie ne sont en somme
que deux formes voisines, et se transformant
sans cesse l'une dans l'autre, d'une seule et
même croyance de l'esprit humain : la réalité
de l'inconnaissable.

L'ancienne métaphysique et le positivisme
moderne sont dans le même cas. La philosophie positive a été une réaction de l'esprit
inductif ou scientifique contre l'ancien aspect
métaphysique ou déductif. Mais l'action déductive et la réaction inductive n'ont pu se

produire que sous l'influence de la loi de corrélation entre la science et la philosophie.

Il s'en suit que la réaction inductive ou em-
pirique devait être aussi métaphysique dans un
sens général, que l'action déductive ou ratio-
naliste. La philosophie positive n'est, en
somme, qu'un phénomène de réaction contre
la métaphysique et, par cela même, elle est
une métaphysique.

Le procédé sociologique consiste à rattacher
l'évolution des idées philosophiques à l'ensemble de l'évolution des idées scientifiques, et
à considérer l'hypothèse invérifiable comme le
signe certain qui indique l'immaturité du savoir correspondant. Partout où il rencontre une
antinomie, un problème insoluble, le sociolo-
giste soupçonne la présence, non d'un obstacle
insurmontable, d'une barrière éternelle, d'un
abîme sans fond, mais simplement d'un terrain vierge ou d'une jachère de la science ; là
où le criticiste voit une condition statique, un
fait d'équilibre stable, le sociologue voit une

condition dynamique, un fait d'évolution.

On oublie trop souvent que la meilleure méthode pour atteindre au général et à l'universel consiste à observer le particulier ; non pas superficiellement, comme l'ont fait les sciences sur lesquelles l'ancienne philosophie s'est principalement appuyée, mais minutieusement comme le feront les sciences sur lesquelles se fondra la philosophie future.

Il faut que, d'un côté, on s'applique sérieusement à chercher dans la science sociale la loi de l'évolution intime qui préside aux destinées de la philosophie et que, de l'autre, les sciences particulières se perfectionnent assez pour faire surgir de leur sein la série des philosophies spéciales correspondantes, et l'inutilité de la philosophie hypothétique, de la métaphysique dans le sens le plus large du mot, qui comprend l'ancienne métaphysique théologique aussi bien que l'agnosticisme moderne, deviendra une vérité évidente.

Voyons à présent quel a été le vrai rôle de la

philosophie dans l'évolution mentale de l'homme.

Claude Bernard a défini la philosophie en disant que l'indéterminé seul lui appartient, le déterminé tombant incessamment dans le domaine scientifique.

Th. Jouffroy avait dit avant lui que la philosophie était la science de ce qui n'a pas encore pu devenir l'objet d'une science.

Enfin, selon Renan, la philosophie est l'assaisonnement sans lequel tous les mets sont insipides, mais qui, à lui seul, ne constitue pas un aliment.

On distingue, en somme, cinq étapes principales dans le développement intellectuel, qu'on peut classer ainsi : Religion, art, histoire, philosophie, science.

Toute civilisation a commencé par la religion et s'y est d'abord concentrée : l'art et la poésie sont nés à l'ombre de la religion ; l'histoire de la nature et de l'homme s'est dégagée plus tard des enveloppes mythologiques et

poétiques ; et partout la philosophie, en se
rattachant d'abord aux symboles de la religion
et de l'art, a devancé la science qui semble la
dernière conquête de l'homme et le produit
d'une civilisation parvenue à sa maturité.

Ce qui a toujours dominé dans l'évolution
de l'indéterminé philosophique ou déterminé
scientifique, c'est la corrélation constante
entre l'état du savoir spécial et l'état de savoir
général, la corrélation entre le degré de diffé-
renciation du savoir et le degré de son intégration. Cette conception qui voit dans la
science le fruit tardif d'une civilisation avan-
cée peut encore invoquer à son appui qu'au
fur et à mesure des progrès du savoir, le corps
de doctrine appelé philosophie, s'est désa-
grégé ; qu'il a sensiblement restreint ses
limites ; qu'il tient, enfin, de plus en plus, à
confondre son objet avec celui des sciences
non constituées, telles que la psychologie et
la sociologie.

L'idéalisme fut le premier à se jeter dans

les bras de la psychologie ; le sensualisme qui entre temps, s'était transformé en criticisme, le suivit de près dans cette voie ; le matérialisme, enfin, sous l'action des mêmes causes, se métamorphosa en positivisme.

C'est à cette direction imprimée aux sciences positives qu'on reconnaît les grandes découvertes philosophiques ; le centre déplacé tout le reste s'ébranla. Ainsi, dans notre siècle, les méthodes de construction et les hypothèses des métaphysiciens d'Allemagne ont précipité toutes les sciences particulières dans les voies nouvelles et leur ont ouvert des horizons inconnus. Les philosophes français du siècle dernier ont eu la même puissance.

En fait, l'humanité a vécu jusqu'ici sur toutes sortes de surrogats philosophiques dont la chaine non brisée a commencé avec le fétichisme et dont le dernier chaînon est l'agnosticisme.

La métaphysique est fille naturelle de la théologie. La théologie a été cette conception

générale des choses qui devait nécessairement
résulter d'une science non différenciée, d'un
savoir vague et chaotique, astreint, dans sa
recherche des causes, à n'employer qu'un seul
mode de supposition — l'analogie vulgaire ou
l'anthropomorphisme.

La métaphysique n'a donc jamais été que
de la théologie différenciée, de la théologie
emboîtant inconsciemment le pas derrière le
savoir qu'elle se donnait pour mission illu-
soire de devancer et de gouverner.

La philosophie de notre siècle n'est encore
que cette même métaphysique, c'est-à-dire
cette même théologie épurée, affinée, accom-
modée aux besoins modernes. La religion des
temps modernes, l'agnosticisme, est la termi-
naison fatale à laquelle aboutit l'antique
anthropomorphisme, l'intégration finale de la
théologie.

La philosophie la plus positive de nos jours
n'est qu'une longue suite d'hypothèses. Actuellement, vu l'état imparfait de groupe des

sciences supérieures et les immenses lacunes de la psychologie, le problème des conditions de la connaissance philosophique peut avec raison, être considéré comme momentanément insoluble ou foncièrement métaphysique. L'avenir verra sans doute se parachever le cycle des connaissances abstraites, lorsqu'il disposera d'une psychologie réellement scientifique et cette psychologie scientifique, nous la tenons déjà : c'est la *Théosophie*.

VII

LA THÉOSOPHIE

Quiconque, en entendant prononcer pour
la première fois le mot « Théosophie », sup-
pose assez naturellement qu'il s'agit d'une
nouvelle religion ou tout au moins d'une nouvelle interprétation de la Bible. Se souvenant
alors de la variété d'Églises et de sectes,
et se rappelant qu'elles sont toutes fondées,
soit sur les conceptions individuelles de ce
qui est bien ou mal, soit sur les interpréta-
tions individuelles des doctrines d'autrui il
relègue sans même lui accorder quelques

moments d'attention cette nouvelle théorie d'esprits plus ou moins détraqués, portés vers la religion. Et si, ce qui arrive communément, on se rappelle les distinctions triviales dont sont issues les diverses sectes et l'impossibilite où l'on se trouve de découvrir la vérité, en admettant qu'elle vaille la peine d'être découverte, le sentiment que lui inspire cette tentative d'exploration dans le domaine métaphysique est plus rapproché du dédain que de la curiosité.

Le Théosophe ne s'en étonne pas et, loin de s'en formaliser, éprouve plutôt de la sympathie pour celui qui le reçoit avec défiance.

Il partage cette même indifférence ou cette même hostilité vis-à-vis de croyances indémontrables, fabriquées par la mauvaise foi des uns et adoptées par la bonne foi des autres. Sur ce terrain, il se trouve donc en communion d'idées avec l'homme qui entend parler de la Théosophie pour la première fois.

Pourquoi alors, me demandez-vous, non sans

surprise, le Théosophe montre-t-il un si grand enthousiasme pour une nouvelle croyance ? Pourquoi est-il si désireux d'abolir les systèmes chrétiens qui l'entourent? La réponse est aussi nette que facile : parce que la Théosophie n'est pas chose nouvelle, parce qu'elle n'est pas une croyance, parce qu'elle ne tend à rien abolir.

Si l'on désire, même comme simple passe-temps intellectuel, se rendre compte de ce système arrivé depuis peu d'années à la connaissance des nations d'Europe mais qui a déjà excité au plus haut degré l'attention de ceux qui pensent, ainsi qu'en témoignent les journaux et livres consacrés à la Théosophie et la rapide croissance de la société théosophique — il faut tout d'abord débarrasser son esprit des idées de convention qui ont cours.

On doit bien se rendre compte qu'on n'a pas affaire à une religion se posant en concurrence avec une autre religion ou une secte quelconque d'une autre religion, avec les disciples d'un maître aussi éminent qu'il soit, avec les commentateurs de n'importe quel livre sacré, ou les champions de n'importe quel code de doctrines ou de rites, pas plus qu'avec les pionniers de soi-disant nouvelles découvertes dans le domaine de la nature, de la science et de la foi.

Toutes ces fausses conceptions doivent être balayées, et quand l'esprit libre est entièrement débarrassé de toute trace des idées religieuses ordinaires et prêt à suivre une voie nouvelle, alors seulement peut-on comprendre la réponse à la question : Qu'est-ce que la Théosophie ?

Nous avons d'abord à considérer quelques faits préliminaires. La Théosophie, de deux mots grecs : Θεός, Dieu ; Σοφία, sagesse — signifie la sagesse ou la connaissance de Dieu. La *connaissance* de Dieu, remarquez bien ; il ne s'agit pas ici d'opinions plus ou moins plausibles, de conjectures captieuses, mais de certitudes. Il s'en suit, d'abord, que les personnes d'où nous vient cette connaissance avaient le pouvoir nécessaire pour l'acquérir, ce que nie la science séculière moderne. Cette science par l'organe de son oracle le plus en vue, Herbert Spencer nous jette, à tout propos, l'inconnaissable dans les jambes et affirme sans relâche que le monde invisible est et doit rester insondable, fermé aux recherches humaines ; rien ne peut nous être connu en dehors du domaine des perceptions matérielles. Jusqu'à un certain point, ceci est vrai. Le fini ne peut pas saisir l'infini et les hommes ordinaires sont non-seulement dans l'impossibilité de comprendre la nature et les relations de la pensée dans cette région, mais encore, au début même, trouve-t-on une contradiction invincible et inévitable dans les termes mêmes d'Absolu et d'Infini.

Ceci nous pouvons l'admettre et sur le terrain même que choisissent nos contradicteurs, c'est-à-dire en se basant sur la vérité première que le Divin seul peut comprendre le Divin, tout en soutenant cependant qu'il peut y avoir autant de certitude dans la connaissance de certaines parties accessibles de de l'invisible que dans les parties accessibles du monde visible.

Nous verrons, plus tard, au moyen de quelles personnes et de quelles facultés cette connaissance de l'invisible peut être obtenue ; pour le moment il nous suffit d'annoncer que la Théosophie prétend avoir la connaissance absolue des vérités qu'elle enseigne et c'est une enviable position qu'elle est seule à occuper. Le savant nie la possibilité d'une connaissance quelconque ; et le théologue, tout en maintenant le contraire, ne peut offrir que des preuves boiteuses basées sur des arguments *a priori*, sur l'ouï-dire, ou sur le sens fort disputé d'un livre à origine louche. A tort ou à raison, la Théosophie prend donc une position unique quand, pour appuyer sa connaissance du Divin, elle laisse de côté les traditions, les arguties et les Ecritures et dit simplement : « Ecoutez-moi, car je sais! »

En second lieu, la définition de la Théosophie implique qu'elle est une science universelle. Connaître Dieu, c'est connaître tout, car, comme l'a dit saint Paul : « Il est tout et dans tout. » Toute conception adéquate de la Divinité implique une conception de ses œuvres et, par suite, de ses créatures, de leur vie et destinée, des mondes sur lesquels ils vivent et ceux vers lesquels ils s'acheminent. La téléologie, pour employer un terme de théologie, se trouve ainsi accouplée avec l'astronomie et ces deux sciences réunies embrassent virtuellement tous les champs possibles de la pensée humaine. La Théosophie se trouve être de la sorte la science de l'univers, et elle rayonne sur toutes les régions de la matière et de l'esprit.

Quand on se met en route pour un voyage à l'étranger, on a soin si l'on veut être bien reçu, de se munir de quelques lettres de recommandation pour des personnages influents du pays que l'on se propose de visiter. Cette précaution est tout aussi utile quand il s'agit de faire accepter n'importe quelle nouvelle doctrine de philosophie ou de religion, surtout quand cette doctrine est en contradiction flagrante avec les doctrines déjà domiciliées et entourées de nombreux partisans qui vivent d'elles ou pour elles. La Théosophie n'échappe pas à cette nécessité, au contraire, elle en a le plus pressant besoin ; car, non seulement l'homme d'Occident lui trouvera une allure foraine, mais encore sera-t-il rebuté par ses traits singuliers, étranges, grotesques même. Sa première impression sera donc défavorable, il importe alors de la faire disparaître en produisant les certificats les plus flatteurs.

Laissant de côté, pour le moment, certains détails secondaires que nous reprendrons plus tard, nous croyons que la proposition suivante sera admise par tous, sauf les matérialistes et les agnostiques. Nous énonçons donc : que l'esprit est plus durable et plus puissant que la matière; que des champs de découvertes bien plus vastes s'ouvriraient devant nous si les limitations physiques pouvaient être vaincues; qu'il peut y avoir un domaine de vérité surpassant autant l'étendue normale de l'intellect que la lumière et le son surpassent la puissance perceptive de l'œil et de l'oreille; que, à moins que la connaissance des hommes ne doive être barrée à une ligne de démarcation que nul être humain n'a le droit de tracer, toute la région de la vérité est ouverte aux explorations de l'homme; que c'est là un but plus élevé et un résultat plus probable de l'existence humaine que le simple progrès matériel végétatif; que les facultés internes, telles qu'elles existent, sont susceptibles d'un développement bien supérieur à celui que nous leur connaissons généralement; et que ce développement apporterait presque sûrement à sa suite, non seulement une plus ample connaissance de la vérité, mais aussi une possession de forces naturelles que les facultés moins développées devaient forcément ignorer.

De ces propositions il s'en suit : que si un esprit humain peut aller au-delà des limitations des sens et explorer librement le domaine de l'invisible, son acquisition de la vérité ne peut être bornée, et sa domination des forces occultes sera appelée « miraculeuse ».

Ceci ne paraît ni irrationnel, ni exagéré, ni inconcevable. C'est une conséquence logique, nécessaire des points concédés. Eh bien! la Théosophie maintient que tout ceci a été fait et peut être fait encore au moyen de ses adeptes.

Considérons maintenant la question d'un autre point de vue. Un athlète, un jongleur, un horloger acquièrent une puissance ou délicatesse de muscles étonnantes. Un teinturier oriental découvre facilement des nuances de couleurs imperceptibles à nos yeux. Il y a des mathématiciens qui résolvent des problèmes compliqués, pendant qu'ils les dictent à leurs élèves. Un habile orateur n'a aucune peine à improviser un brillant discours qui exigerait des semaines de préparation à un autre homme. Tous ces pouvoirs extraordinaires ont été obtenus par l'entraînement. A première vue nous sommes étonnés de la force étonnante de l'athlète qui soulève des poids énormes; de la finesse de toucher de l'horloger qui semble donner une âme à un mécanisme aux rouages minuscules; du flux harmonieux de métaphores du tribun fécond; et cependant il n'y a là rien d'étonnant. Ces exemples, cependant, doivent vous faire comprendre ce dont les dons naturels sont susceptibles quand on les cultive, quand on les spécialise, pour ainsi dire.

Pourquoi l'entraînement de la nature spirituelle ne donnerait-il pas le même résultat? Et pourquoi cet entraînement ne serait-il pas le même; c'est-à-dire la culture d'une faculté spéciale au détriment des autres qui la gênent et empêchent son expansion.

8.

A présent nous allons laisser les considérations *a priori* pour en venir aux affirmations
directes. La Théosophie affirme qu'il y a aujourd'hui, de même qu'il y a toujours eu, une
catégorie d'hommes qui ont ainsi développé
les principes supérieurs de la nature humaine
et qui, par une règle systématique de discipline, ont franchi les limites imposées à la
chair, pénétré dans le domaine de ce qui
est physiquement invisible, regardé directement et compris des vérités. Ces hommes
connaissent la réalité gisant sous la forme ; ils
sont maîtres de forces occultes. Connaissant
la vérité et possédant la puissance, il leur est
loisible de communiquer la première et de se
servir de la seconde.

Les apologies que l'on écrit aujourd'hui en
faveur du Christianisme, contrairement à ce
qui se faisait au dix-huitième siècle, n'appuient
pas sur l'argument miracle de la tradition
chrétienne et cela pour la bonne raison que
l'on se rend compte qu'une vérité spirituelle

doit s'imposer d'elle-même et ne pas chercher à s'étayer sur des merveilles physiques. La Théosophie partage cette manière de voir ; mais, comme d'un autre côté, elle enseigne que la conquête spirituelle comprend la conquête de la matière, il est tout juste que l'adepte se montre comme maître de la Nature, avant de se donner comme maître de la Vérité. Quelles sont, me demandez-vous, ses prérogatives, et comment prouvez-vous qu'il les exerce ?

Un adepte peut lire les pensées et les desseins et les influence à n'importe quelle distance ; il peut désintégrer les particules composant un objet, les faire transporter par des courants dans une autre région et les réintégrer dans la forme originelle ; il peut produire le son et le mouvement à volonté ; il peut ajouter des phrases écrites dans des lettres déjà cachetées ; il peut faire tomber des fleurs ou d'autres objets d'un plafond ou du vide ; il peut concentrer des forces invisibles

de manière à résister aux plus violents efforts
pour déranger des objets matériels; il peut
communiquer avec des adeptes, comme lui,
en ce monde ou dans d'autres mondes;
en un mot il peut manipuler la grande partie
des forces de la nature aussi facilement que
nous manipulons la petite partie que nous
connaissons. Mais, chose plus étrange encore, il
peut suspendre la communication entre son
corps et son esprit et, avec le libre mouvement de ce dernier, traverser l'espace avec la
rapidité de la pensée, sans être gêné par aucun obstacle. Bref, on peut dire que l'adepte
peut faire tout ce que l'on peut imaginer d'une
intelligence débarrassée d'un corps et connaissant les forces visibles et invisibles.

Des prétentions de ce genre paraissent tellement extravagantes que celui qui les entend
exprimer pour la première fois, hausse naturellement les épaules en souriant de pitié pour
l'écrivain assez dément pour répéter de pareilles billevesées. Et cependant il ne s'agit là,

après tout, que de faits qu'il faut soumettre à
l'évidence, comme tous les autres faits possibles et imaginables que l'on veut prouver.
Cette évidence existe, et surabondamment,
non dans le témoignage de personnages pro-
blématiques morts il y a dix-neuf cents ans,
mais dans l'aveu direct de spectateurs vivants
et en grand nombre, lesquels, à diverses re-
prises, et en divers endroits ont vu se manifester la merveilleuse puissance des adeptes
que nous avons résumée plus haut. Un grand
nombre de ces témoignages sont consignés
dans « *Le Monde Occulte* » de Sinnett, auquel
nous renvoyons le lecteur. Le moi est toujours
haïssable, sans quoi j'ajouterais que pendant
un assez long séjour que je fis il y a un an dans
l'Inde, je pus vérifier par moi-même le pouvoir occulte des adeptes du Thibet.

VIII

LA CONSTITUTION DE L'HOMME

La constitution de l'homme peut être considérée de plusieurs manières ; pendant que la science d'Occident s'arrête à la conclusion que l'homme n'est que de la matière modifiée, et l'intelligence un mode de mouvement, la philosophie orientale pousse ses fouilles plus profondément.

Il y a peu d'années encore, personne en Europe ni en Amérique n'avait la moindre idée des conquêtes admirables faites par nos ancêtres les Aryens dans le domaine de la science et de la philosophie; les vérités ayant trait aux profonds mystères de la vie dans l'Univers avaient été gardées avec un soin jaloux loin des yeux des profanes.

Récemment, cependant, les gardiens héréditaires de la sagesse orientale, les disciples des « Rishis » de jadis, ont dévoilé quelques-uns de leurs secrets.

Le Bouddhisme, plus qu'aucune autre religion, a toujours vécu d'une double existence exotérique et ésotérique. Le sens intime de ses doctrines a toujours été fermé à quiconque ne s'était pas montré digne d'être initié. A la foule ou troupeau vulgaire, on ne livrait que des préceptes de morale et des symboles étendus comme un voile impénétrable sur la Vérité. Cette vérité n'était connue et n'est connue encore, dans sa totalité, que des maîtres, adeptes ou mahatmas, qui forment une association mystérieuse existant dans les montagnes du Thibet.

Pour arriver à cet état spirituel qui cons-

titue l'adepte, il faut avoir développé en soi
une somme de facultés et d'attributs restés si
complètement à l'état latent dans l'espèce
humaine ordinaire, que leur évidence même
est souvent mise en doute et la possibilité d'un
tel développement niée.

Quoi qu'il en soit, le développement de ces
facultés intellectuelles, — obtenu par un entraînement spécial et qui demande l'exercice
d'une volonté dont l'effort dépasse toutes nos
idées, — apporte, au fur et à mesure de leur
progression, une quantité de connaissances
incidentes ayant rapport avec les lois physiques de la nature, et grâce auxquelles le
contrôle des vérités métaphysiques et autres
devient facile et établit une certitude d'ordre
scientifique.

Tandis qu'en Europe les investigations dans
le champ de la nature se font aussi publique-
ment que possible, l'Asie, elle, étudiait le
plus secrètement possible et ne divulguait
point ses découvertes.

Nous n'avons pas à envisager ici le mérite ou le démérite de ces deux méthodes différentes. Ce qui nous intéresse, c'est de savoir que la méthode orientale s'est enfin relâchée, jusqu'à un certain point, de sa sévérité, et que c'est avec le consentement des « maîtres » qu'il est permis aujourd'hui de connaître et de répandre quelques aperçus de la doctrine ésotérique.

Chaque enfant découvre son propre corps par les moyens empiriques les plus simples : la douleur et le plaisir ; et il croit qu'il a une âme parce que sa maman le lui affirme, sans quoi jamais il ne s'en douterait. Cette conception de la composition binaire de la charpente humaine est celle que la plupart des gens prennent dès leur enfance et gardent jusqu'à la tombe : ils savent qu'ils ont un corps et supposent qu'ils ont une âme. Cependant ce qu'ils prennent pour la réalité n'est que le mirage, la représentation de cette âme qu'ils ne connaissent que par ouï-dire.

Si, par hasard, quelques-unes de ces personnes se mettent à réfléchir sur cette question, ils arrivent à avoir une notion de l'esprit et de la matière ; de ce qui pense et de ce dont on pense ; du sujet et de l'objet ; du moi et du non-moi ; et ils fourbissent ces deux côtés de l'écu de la nature selon leurs talents ou leurs penchants.

Quelques-uns astiquent leur côté avec tant de zèle qu'ils finissent par y voir leur propre image comme dans un miroir. Si, par hasard, ils se trouvent du côté physique ils oublient complètement l'autre côté et arrivent à se persuader qu'ils n'ont point d'âme du tout ; mais si, par hasard, ils se trouvent du côté psychique, ils arrivent à conclure que leur corps est une quantité négligeable.

Il y a une autre manière de se regarder qui vaut mieux que les précédentes. Cette dernière façon de s'envisager a trouvé sa meilleure expression dans la philosophie grecque, aux mains de Platon. Selon cette vue, la cons-

titution de l'homme est divisée en trois parties, l'homme devient un trio, une trinité ; un
esprit d'un côté, un corps de l'autre et quelque chose au milieu qui tient des deux et les
unit. Ces trois principes sont : Νοῦς, Σῶμα Ψυχή.
Nous, le principe spirituel, pensant, la raison ou l'intelligence, en somme, qué les
animaux n'ont pas ; de l'autre côté *Soma* ;
le corps ; le corps, ressemblant à celui de tous
les animaux, végétaux ou minéraux ; entre
les deux *Psyché*, l'âme brute, irrationnelle ;
instinctive que possèdent aussi les animaux.

De très nombreuses analogies dans la nature
viennent appuyer cette manière trinitaire de
penser. Toutes « choses », par exemple, ont
trois dimensions : la longueur, la largeur,
l'épaisseur, sans lesquelles elles ne seraient
ni matérielles, ni objectives, ni réelles. On
peut même dire que presque toutes les choses,
que nous les considérions au point de vue
physique ou métaphysique ont non seulement leurs deux pôles ou extrêmes, mais

quelque chose entre les deux les ressemblant, mais n'étant ni l'un ni l'autre. Un bâton, par exemple, ne consiste pas en ses deux bouts mais dans sa continuité et cependant il ne ne serait pas bâton sans ses deux bouts. De même pour l'homme et la femme ; un enfant n'est ni l'un ni l'autre, bien qu'il doive devenir l'un ou l'autre : les vieillards de leur côté ne sont ni homme, ni femme, bien qu'ils aient été ou l'un ou l'autre. De même pour nos passions et nos sentiments : qu'est-ce qui relie l'amour et la haine, l'espérance et la crainte ?

Voyez aussi nos divinités. Invariablement nous en faisons des trinités, témoins : Nara, Nari et Virady ; Osiris, Isis et Horus ; Brahma, Vichnou et Siva ; Dieu le Père, le Fils et le Saint-Esprit.

Mais partout où nous rencontrons une étendue de qualité ou de caractère se nuançant entre deux extrêmes, il est certainement possible d'établir une échelle que l'on pourra graduer comme un thermomètre. Et il se trouve précisément que le nombre « sept » est si universellement employé comme quotient, qu'on est tenté de croire qu'il existe une raison occulte pour justifier ce choix. Nous avons sept jours à la semaine ; sept couleurs dans le spectre solaire, sept notes entre chaque octave, sans parler du septennat politique. Il était donc assez difficile pour le corps de l'homme d'échapper à la règle septénaire ; et il se trouve, en effet, que le chiffre climatérique est précisément celui que le Bouddhisme ésotérique adopte pour sa classification des principes qui constituent l'homme.

Ces sept principes sont :

1° *Rupa*. — Le corps matériel.

2° *Jiva*. — La Vitalité.

3° *Linga Sharira*. — Le corps astral.

4° *Kama Rupa*. — L'âme animale.

5° *Manas*. — L'âme humaine.

6° *Buddhi*. — L'âme spirituelle.

7° *Atma*. — L'esprit.

Les principes les plus hauts de la série ne

sont pas développés dans l'humanité à l'état

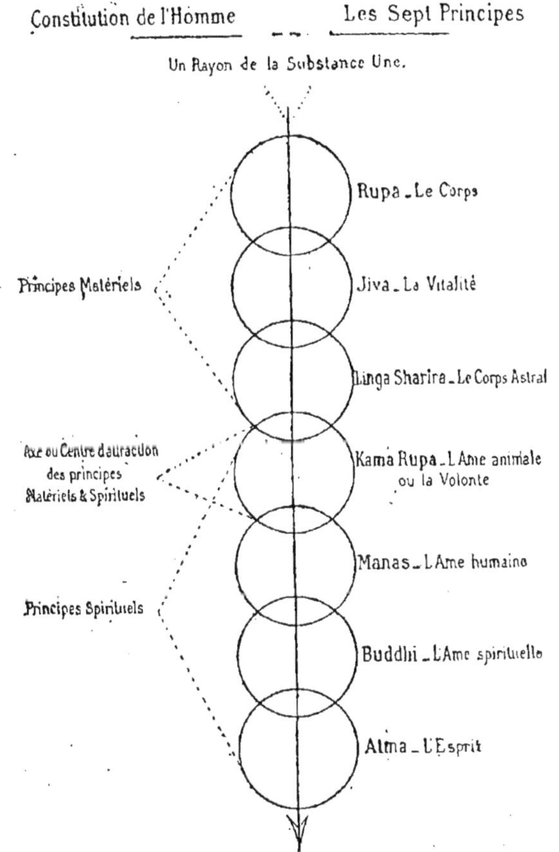

actuel mais notre corps un peu surchargé de

matière possède, toutefois, le principe du développement spirituel lequel arrive à sa plus haute perfection par une lente évolution à travers un grand nombre d'incarnations. Il ne faut, cependant, pas s'imaginer que ces sept principes peuvent être séparés l'un de l'autre comme on arracherait les feuillets d'un livre : ce qui les distingue c'est leur degré de matérialité de un à sept ou de spiritualité de sept à un.

Ces principes n'ont pas de propriétés distinctes et individuelles agissant indépendamment les unes des autres ; chaque principe au contraire est le proche allié de son voisin et son coopérateur. Le corps est sans utilité s'il n'est pourvu de vitalité ; le corps astral séparé du corps de chair serait inintelligent, s'il n'était illuminé par les facultés plus élevées de l'âme animale, et les parties les plus élevées de l'âme humaine elle-même, s'accrocheraient, à la mort de l'être humain, au corps astral pour se désintégrer avec lui sur le plan astral, sans leur affinité pour le monde spirituel.

Les trois premiers principes appartiennent exclusivement à la personnalité et se dispersent avec elle. Les quatre principes plus élevés forment l'individualité, c'est-à-dire le *moi* qui ne meurt pas, qui passe d'une incarnation dans une autre.

Voyons maintenant ces sept principes par ordre et en détail.

1° Le premier principe, *Rupa*, ou le *corps* est de composition absolument terrestre. Les gaz les plus subtils qui entrent jusqu'à un certain point dans sa composition doivent eux-mêmes être placés au dernier plan de la matérialité.

Dans l'état transitoire que nous appelons la mort, le *corps* se décompose pour entrer dans d'autres combinaisons, mais ses molécules sont indestructibles. Rien ne meurt dans la nature, rien ne peut être annihilé.

2° Le deuxième principe, *Jiva*, la *vitalité*,

9.

transforme le matière inerte. C'est quelque
chose de tout à fait différent des plus fins spé-
cimens de matière placés au dernier degré de
l'échelle.

La vitalité se présente donc sous une forme
de force et son affinité pour la matière inerte
est telle qu'elle ne peut être séparée d'une
masse ou de la moindre particule de matière
sans se précipiter pour se combiner avec une
autre masse ou une autre particule.

Quand le corps de l'homme meurt, la *vitalité*
adhère à chaque particule de ce corps, à mesure que ce dernier se décompose, pour aller
animer tous les nouveaux organismes qui
sont le produit de la décomposition. Enterrez
le corps, sa *vitalité* s'attachera aux végétaux
qui naîtront de la décomposition des plus
basses formes de l'animalité.

Brûlez ce même corps, et l'indestructible
vitalité prendra instantanément son envolée
vers le corps de planète auquel elle fut origi-
nairement empruntée ; elle entrera dans de

nouvelles combinaisons conformes à ses affinités.

3° Le troisième principe, *Linga Sharira*, le *corps astral*, est le duplicata éthéré du corps physique, son dessin originel. Il guide la *vitalité* dans son travail sur les particules physique. C'est le modèle d'après lequel se bâtit le corps, le moule dans lequel il est coulé, nous avons vu dans la partie scientifique de cet ouvrage qu'il était impossible de distinguer l'ovule d'une truite, d'une poule, d'une jument ou d'une femme. Or, ce qui produit la forme différente que prend l'œuf fécondé ce n'est nulle autre chose que le *corps astral*.

Comme ce dernier est lui-même animé par les principes plus élevés qui le suivent, son unité ne peut être préservée que par l'union de tout le groupe. A la mort, il est privé de corps pendant une période assez brève, et même, dans certaines conditions anormales, il peut être temporairement visible aux yeux des vivants; dans ces conditions il est toujours pris pour le fantôme de la personne morte.

Des apparitions spectrales peuvent aussi se produire d'une manière toute différente; mais ici le *corps astral*, quand il se manifeste comme phénomène visible, n'est plus qu'une agrégation de molécules n'ayant ni vie, ni conscience.

A proprement parler, le *corps astral*, ne laisse le corps qu'à la mort, et même, en ce cas, il s'éloigne peu de lui.

Lorsqu'il apparaît comme l'ombre d'un décédé, ce qui est fort rare, il ne peut être vu que près de l'endroit où le corps repose. Chez certains médiums très spirituels il peut sortir pendant un moment de leur corps physique et être visible, mais pendant ce temps la vie de médium est en grand danger.

Depuis ces dernières années où quelques lueurs de science occulte ont réussi à dissiper un peu les ténèbres qui enveloppent le monde, l'expression de *corps astral* a été appliquée à

une forme humaine ayant aussi la pleine jouis-
sance de ses plus hauts principes. Cette forme
a la faculté de pouvoir s'éloigner, ou plutôt de
se projeter loin de son corps physique.

Tout adepte vivant possède ce pouvoir.
Avec la pleine conscience de ses actes, avec
une intention bien marquée d'agir de telle et
telle façon, il peut séparer ce corps éthéré de
son corps plus grossier.

Le phénomène de projection du *corps astral*
peut aussi être produit par toute personne
mourante, se trouvant, à ce moment, dans
certaines conditions.

4° Le quatrième principe, *Kama Rupa*, l'*âme
animale*, est le premier de ceux qui apparticn-
nent à la plus haute nature de l'homme. On
l'appelle aussi le *corps du désir*, ou le *véhicule
de la volonté*. Envisagé sous ce dernier aspect,
il devient le point central des sept principes,
trois au-dessus, trois au-dessous. C'est l'axe
autour duquel les autres évoluent, et de ce
fait, il entraîne la nature de l'homme vers ses

parties les plus matérielles, ou l'élève vers ses éléments supérieurs.

Kama rupa est bien l'âme animale, puisque les animaux le possèdent aussi bien que l'homme. Chez les premiers, c'est le principe le plus développé, tandis qu'il devient susceptible de progresser dans l'homme, par l'union avec le cinquième principe : *L'âme humaine,*

L'âme animale, qui tient encore une si grande place chez l'homme, est le siège des désirs sensuels, des besoins brutaux ; c'est une force, une puissance qui agit souvent en maîtresse absolue dans l'être humain ; qui peut l'élever ou l'abaisser, selon son plus ou moins grand éloignement du cinquième principe, l'âme humaine. Elle peut même influencer celle-ci et produire les plus plus désastreux effets.

5° Le cinquième principe, *Manas*, *l'âme humaine* est le siège de la raison et de la mémoire. Actuellement l'*âme humaine* n'est ici-bas, pour la grande majorité de l'espèce, que partiellement développée.

Ce fait concernant l'imparfait développement du *Manas*, et à plus forte raison des autres principes supérieurs, il importe de le noter, car il nous est impossible de nous former jamais une idée exacte de la vraie place que l'homme occupe en ce moment dans la nature, tant que nous commettrons la faute de considérer ce dernier comme arrivé au faîte de son évolution. Cette faute a les conséquences les plus graves, puisqu'elle empêche les esprits avancés d'anticiper sur les siècles futurs, en cherchant à calculer raisonnablement quel avenir peut être réservé à la race humaine.

6° Le cinquième principe n'étant pas encore développé, il va sans dire que le sixième, *Buddhi*, *l'âme spirituelle*, n'est qu'à l'état d'embryon.

En réalité on peut dire que nous ne possédons pas encore *l'âme* spirituelle. Elle plane sur nous, c'est le but vers lequel notre nature inférieure doit tendre : c'est le degré de perfection que nous devons de tous nos efforts travailler à atteindre.

7° Le septième principe, *Atma*, l'*Esprit*, n'est autre que l'Esprit Divin, lui-même.

En nous résumant nous dirons : que l'*âme animale*, ou la volonté, est le véhicule de l'*âme humaine* ; l'*âme humaine* le véhicule de l'*âme spirituelle* ; l'âme spirituelle, le véhicule de l'*Esprit divin*.

En autres mots, chacun de ces principes, à partir de l'*âme animale*, le quatrième, est le véhicule de ce que la philosophie bouddhiste appelle la *Substance Une* ou l'Esprit.

Dans l'animal, la « Substance Une » est concentrée dans le *Kama Rupa*, la *volonté*. Dans l'homme, elle commence à pénétrer le *Manas*. Dans l'homme parfait elle pénètre la *Buddhi*, l'âme spirituelle, et quand elle pénètre l'*Atma*, l'*Esprit*, l'homme n'est plus un homme. Il a atteint une condition d'existence tellement supérieure à l'existence actuelle que nous ne pouvons nous en former une idée.

IX

La proposition fondamentale de la Théosophie postule que l'univers n'est pas une agrégation d'unités diverses mais une entité. Cette
entité est appelée « Divinité » par les philosophes d'Occident et Para-Brahm par les Védan-
tins. On peut aussi l'appeler le non-manifesté
comprenant la faculté de toute manifestation
ainsi que les lois régissant ces manifestations.
De plus, on nous apprend qu'il n'y a pas eu
une création de mondes dans le sens théologique de ce mot ; mais que leur apparition
n'est due strictement qu'à l'évolution. Quand

vient le moment pour le non-manifesté de se révéler comme univers objectif — ce qu'il fait périodiquement — il émet une puissance ou « cause première », que nous pouvons nommer Dieu, Brahma, Ormuzd, Osiris ou du nom éxotérique que nous voudrons. La projection dans l'espace de l'influence ou du « souffle de Brahma » fait apparaître les mondes et, graduellement, sur leurs surfaces les êtres vivants. Ils se manifestent aussi longtemps que cette influence ou souffle se manifeste comme levier d'évolution. Après des éons d'expiration, l'influence évolutionnaire se ralentit et l'univers commence à entrer dans le *pralaga* ou obscuration jusqu'à ce que le « souffle » étant complètement inspiré, plus rien n'existe, sauf Brahma. Il faut avoir soin de faire une distinction entre Brahma — le Para-Brahma impersonnel — et Brahmâ, le Verbe manifesté.

Cette expiration est connue sous le nom de Manvantara, ou la manifestation de l'univers entre deux *manus* — de *manu* : loi et *antara* :

entre — : l'inspiration apporte avec elle le *pralaga*, ou anéantissement. Ces vérités mal comprises ont donné lieu aux doctrines erronées de la « Création » et du « Jugement dernier ». Ces Manvantaras et Pralayas ont toujours existé et existeront, tour à tour, éternellement.

Pour produire un Manvantara, deux principes sont utilisés : *Purusha* et *Prakriti* — l'esprit et la matière. Nous appelons *Purusha*, esprit et *prakriti*, matière, faute de termes plus exacts : mais ce *purusha* n'est pas le non-manifesté, pas plus que *prakriti* ne répond à l'idée scientifique de la matière. Les Aryens prétendent qu'il y a un esprit plus élevé encore, appelé *Purushottama*, parce qu'au moment de l'inspiration *Purusha* et *Prakriti* sont également absorbés par le non-manifesté.

Nous voici arrivés à la doctrine de l'Évolution universelle telle qu'elle est comprise par les Théosophes.

La science occulte est la plus spiritualiste de

toutes les sciences. Cependant, fait qui peut paraître tout au moins étrange aux intelligences superficielles, elle explique par l'effet de l'Evolution tous les phénomènes qu'elle rencontre dans tous les systèmes divers, mais analogues de la nature; car, pour la science occulte, c'est l'éternel procédé de l'Évolution qui régit tous les phénomènes. Darwin n'a donc découvert et expliqué par sa théorie, qu'une bien petite partie d'une vérité naturelle d'une plus vaste envergure. Les occultistes peuvent, eux aussi, donner l'explication de la marche évolutive et cela sans dégrader en rien les plus hauts principes de l'homme. Pour les Théosophes, en effet, le physique et le psychique ne sont pas des ennemis irréconciliables; bien au contraire, ils se pénètrent si intimement, rentrant l'un dans l'autre, qu'ils ne font qu'un, se présentant, toutefois, sous des aspects différents.

Le premier fait que la science occulte propose à votre observation se rapporte à l'origine de l'homme sur ce globe, et l'étude de ce phénomène est appelée à dissiper les ténèbres qui planent encore sur l'idée que se fait ordinairement la science officielle au sujet de l'Évolution.

Il faut d'abord bien comprendre que l'Évolution n'a pas son point de départ sur cette planète : l'apparition de l'Évolution sur cette terre n'est que le résultat d'évolutions antérieures auquel ont contribué plusieurs mondes de divers plans de matérialité et de spiritualité. Toutes les existences, quelles qu'elles soient, subissent cette loi de changement, de progrès, d'évolution, c'est-à-dire franchissent les différentes étapes qu'elles doivent parcourir sur des mondes successifs.

Cette idée n'est point une hypothèse pour la science occulte : c'est un fait certain, vérifié, et qui, parmi les occultistes, ne soulève ni un doute ni une contradiction.

La vie, le procédé évolutionnaire de notre planète, et tout ce qui la constitue, avec ses habitants minéraux, végétaux, animaux et humains, sont unis par un lien étroit à la vie et au procédé évolutionnaire d'autres planètes.

La terre, en somme, n'est qu'un anneau d'une puissante chaîne de mondes. Sur un globe seul, la nature ne pourrait se donner carrière, et, pour les procédés d'évolution qu'elle emploie pour faire sortir du chaos l'espèce humaine, pour pousser l'homme vers l'immortalité, il lui faut plusieurs globes, mais non pas un nombre indéterminé. Sept lui suffisent.

Ces globes, qui nous semblent séparés par rapport à leur matière, sont étroitement unis par des courants de forces subtiles dont on ne peut nier l'existence, puisque l'existence de ces forces, de ces médiateurs éthérés qui relient tous les corps célestes visibles se prouve par le seul fait que nous pouvons les voir.

C'est le long de ces courants que les éléments de vie vont d'un monde à un autre monde.

Certains pourraient penser que l'âme, survivant au corps, est attirée ou poussée par ses propres affinités vers le monde ou les corps qui lui seraient sympathiques et qu'ainsi s'accomplit l'évolution ; c'est une erreur qu'il importe de rectifier.

Le procédé réel, ainsi qu'on va le voir, est bien plus méthodique. Le système de notre monde solaire forme un circuit que toutes les entités spirituelles doivent parcourir en entier, et l'évolution de l'homme n'est terminée qu'une fois le cercle complet parcouru plusieurs fois. Dans ce moment, il faut vous en souvenir, nous sommes en voie d'évolution et cette évolution est loin d'être achevée. C'est à travers tout le système de ce monde solaire que notre marche progressive atteindra le plus haut point de l'évolution, et c'est dans une forme toujours plus élevée que nous revenons et revenons encore sur cette terre. Les autres mondes, formant la chaîne à laquelle appartient notre terre, ne sont pas exactement ou même approximativement, adaptés à l'existence matérielle qui est notre lot ici-bas.

Une semblable organisation serait un non-sens. Tous ces mondes sont dissemblables dans leurs aspects extérieurs, mais leur suprême caractéristique est la proportion dans laquelle l'*Esprit* est mêlé à la *Matière*.

Nous devons considérer notre terre comme un monde où, pour l'instant, l'esprit fait à peu près équilibre à la matière. Il ne faudrait cependant pas en conclure que sa position soit élevée sur l'échelle de l'évolution. C'est le contraire qui a lieu : notre petite planète y occupe une place des plus modestes, tout à fait inférieure. Les mondes les plus élevés sont naturellement ceux où l'esprit prédomine le plus largement.

Ici se pose une question : les mondes supérieurs, que doit habiter l'homme pendant la course évolutive, deviennent-ils de plus en plus spirituels dans leur constitution, la vie, sur ces planètes, s'épurant de plus en plus ?

Quoique la réponse à cette question paraisse
au premier abord devoir être affirmative, avec
un peu de réflexion on comprendra qu'il ne
peut en être ainsi, puisque ces mondes forment une chaîne sans fin.

Ce sont des rondes gigantesques qu'exécu-
tent les mondes en voie de progrès. S'ils avan-
çaient droit devant eux, toujours, toujours,
sans jamais revenir en arrière, alors on pourrait supposer que, partis de la Matière absolue,
ils dussent aboutir à l'Esprit absolu. Mais nous
savons que la nature dans sa marche suit toujours des lignes courbes et ne s'égare jamais
dans des voies où elle ne peut rétrograder. Le
prémier comme le dernier des mondes développés — car la chaine entière a évolué aussi
par degrés, — le plus en arrière et le plus en
avant, sont tous deux les plus immatériels, les
plus éthérés de la série.

Ceci se comprend aisément, puisque le
monde le plus avancé de la série n'est pas un
lieu de finalité et puisqu'il nous ramène à son

plus proche voisin, le premier du circuit, comme décembre nous ramène à janvier.

Ce n'est donc pas tout à coup que la Monade humaine est tombée d'un état gradué de développement dans celui où, depuis des millions d'années, elle a commencé son lent mouvement ascensionnel.

Le monde qui est arrivé au point le plus élevé de l'arc du cercle ascendant est, par ce fait même, le premier sur l'arc du cercle descendant : il semble alors qu'au point de vue du développement il doive rétrograder, mais il n'en est rien : il n'y a jamais de descente. Chaque évolution accomplie est toujours une évolution ascendante, ou progrès réalisé.

Et pour la Monade spirituelle, ou Entité, dans n'importe quel état d'existence qu'elle traverse pour arriver au but final, quand un cycle est accompli, c'est toujours dans un état plus élevé qu'elle commence le parcours d'un cycle nouveau. Aussi, est-ce un pas fait en avant quand, arrivée au Monde G, la Monade retourne au Monde A qui s'est également développé progressivement pendant le passage de la Monade sur les autres mondes intermédiaires.

En un mot l'échelle de la perfection spirituelle est une *spirale* que décrit la *Monade* en sa longue route progressive. C'est parce que les évolutionnistes modernes n'ont jamais pu saisir cette idée, qu'ils se perdent dans des spéculations infinies à la recherche d'un « anneau manquant » dans la longue chaîne qui relie les êtres. Il leur est, en effet, bien difficile de trouver cet anneau puisqu'ils le cherchent sur un monde où il n'est pas. Formé dans un but temporaire, il est clair que, son but atteint, il a dû disparaître. En un mot, l'anneau manquant est resté sur le monde que le règne dont il fit partie vient de quitter, après y avoir développé sa forme primitive qu'il verra évoluer sur le monde suivant.

L'homme, disent les Darwinistes, était autrefois un singe. C'est vrai, mais ajoutons que la forme actuelle du singe ne se modifiera pas de génération en génération à tel point que la queue et que les pieds, les mains et le reste deviennent des membres, un cerveau d'homme.

Ces changements ont bien lieu d'espèce à espèce, mais la science moderne avoue qu'on n'en saurait conclure au changement d'une espèce en une autre, changement qui aurait pu se produire, mais à des intervalles de temps incalculables, et par extinction complète des formes intermédiaires, car l'extinction des formes n'a jamais été mise en doute, même pour toutes les formes, toutes les espèces de tous les règnes, minéral, végétal, animal et humain.

L'impulsion de la vie développant, à chaque grand cycle accompli, les différents règnes de la nature, nous explique comment on peut combler les lacunes que nous observons entre les formes animées qui peuplent en ce moment la Terre. C'est donc sur le monde A qu'il faut chercher l'anneau manquant.

Les Monades, en accomplissant leur grand cycle autour de notre système de mondes dans le règne animal, passent sur un autre monde quand elles ont terminé leur petit cycle d'incarnations animales sur le nôtre; et quand, dans la suite des temps, l'heure sonne pour leur retour dans un nouveau grand cycle, elles sont prêtes pour l'incarnation humaine et la forme humaine se trouve alors dans les conditions voulues pour recevoir son habitant, son locataire spirituel.

Mais si nous retournons assez loin en arrière, nous arrivons à une période ou aucune forme humaine n'était prête à se développer sur la terre, et nous nous trouvons à cette époque où les *Monades spirituelles* venaient accomplir leur cycle sur les premiers et plus bas plans de l'humanité. Et à ce degré de leur évolution, lorsque, dans leurs tournées subséquentes, elles arrivaient dans le monde A où

10.

il n'y avait que des formes animales, elles provoquaient alors sur place le développement des plus hautes de ces formes animales en la forme requise, qui est l'anneau manquant tant cherché.

Considérée d'une certaine manière, cette explication s'accorde assez bien avec les conclusions des Darwinistes, en ce qui touche le développement et l'extinction de ces anneaux manquants. Il faut cependant noter que le procédé naturel d'évolution qui s'opère actuellement par le fait des influences locales et par la sélection sexuelle, ne peut être regardé comme ayant pu ou comme pouvant produire ces formes intermédiaires.

L'impulsion de vie qui donne lieu à une nouvelle évolution d'organismes plus élevés se produit, ainsi que nous l'avons déjà dit, par une sorte d'élan, de poussée.

Les Monades spirituelles, se trouvant dans l'état approprié à la nouvelle forme qu'elles doivent habiter, se pressent en avant

pour commencer un nouveau grand cycle
d'évolution. Elles bondissent sur la première
planète A qu'elles envahissent et répandent
sur toute sa surface comme une efflorescence
de quelque chose de plus élevé, de meilleur
que ce qui les précédait.

Les formes nouvelles se multiplient en se
répétant des milliers et des milliers de fois
elles-mêmes, et s'élancent bientôt dans une
période de croissance. Les Monades s'es-
saient dans les nouvelles formes intermédiaires qu'elles modifient progressivement
jusqu'au moment où abandonnant ces formes
impropres, elles adoptent définitivement la
dernière forme adéquate évoluée. Les formes
intermédiaires, ne pouvant plus évoluer,
s'éteignent.

C'est ainsi que procède l'évolution en ce
qui concerne son impulsion essentielle, puis
elle continue sa marche hélicoïdale à travers
les mondes jusqu'à l'entier achèvement du
grand cycle.

Le flux de la vie, la vague de l'existence, l'impulsion spirituelle, le mouvement initial — appelez cela comme vous voudrez — passe ou se manifeste de planète en planète, ainsi que nous avons déjà eu occasion de le dire, par poussées, par bonds et non par un flot régulier et continu.

Ceci doit nous aider à comprendre comment s'opère l'évolution de la vie sur la chaîne des mondes dont le nôtre est un anneau et peut aussi nous faire saisir plus aisément leur naissance même. Car le procédé dont nous nous occupons ne regarde pas que l'existence d'une réunion de globes sur lesquels la nature travaille à développer la vie : c'est le procédé universel de procréation des mondes et l'évolution de chaque globe est le résultat d'une évolution antérieure et la conséquence d'impulsions émanant de ses prédécesseurs dans la surabondance de leur développement.

A présent nous pouvons nous jeter dans l'extrême passé. Derrière la moisson humaine

produite par l'impulsion de vie, nous voyons
la récolte de formes animales : derrière celle-
ci, la croissance de formes végétales qui ont
derrière elles les formes minérales qui, elles
aussi, sont le résultat d'un quelque chose qui,
lui-même, était un produit naturel évolué.

Si notre esprit est assez hardi pour tenter
de pénétrer dans ce mystérieux et profond
lointain, nous pouvons suivre ainsi l'incom-
mensurable série de manifestations jusqu'au
Non-Manifesté de toutes choses.

Quittons cependant ces hautes et profondes
questions de pure métaphysique et conten-
tons-nous de constater que nous pouvons raisonnablement concevoir que c'est une véri-
table impulsion de vie qui a donné naissance
au minéral — le même genre d'impulsion
qui fit qu'une race de singes put s'élever en
une race d'hommes rudimentaires. La science
occulte peut remonter, au moyen de ses profondes études, au delà même de la période
où le minéral commence à exister comme tel.

Car, dans son procédé de développement des mondes que la nébuleuse embrasée a jetés dans l'infini, la nature commence avec quelque chose qui précède le minéral.

Elle commence avec les forces élémentales, ces puissances mystérieuses qui contiennent en elles tous les phénomènes qui peuvent tomber sous le sens de l'homme.

Mais reprenons l'étude de nos mondes au moment où le premier de la série, le globe A, nous a été montré comme étant beaucoup plus éthéré, plus imprégné de la vie de l'Esprit, plus éloigné de la matière telle que nous la comprenons, que le monde sur lequel nous sommes maintenant occupés à faire des expériences personnelles.

Aussi, ne doit-on pas être trop sévère pour notre organisation humaine encore grossière, si l'on pense au point de départ relativement peu éloigné de l'humanité et si l'on ne s'imagine notre globe A que comme un amas de formes minérales : et ici l'expression

« formes minérales » veut seulement dire que ces formes n'étaient nullement du domaine des organismes végétaux plus élevés qu'elles.

Ceci peut nous sembler étrange avec l'idée d'épaisseur, de densité que nous attachons toujours, dans le premier moment, au mot matière. Ces formes, au contraire, étaient très éthérées, constituées par une matière de la qualité la plus déliée et la plus subtile et en laquelle, l'autre pôle caractéristique de la nature, l'esprit, prédominait largement.

L'état du règne minéral que nous essayons de vous dépeindre n'est pour ainsi dire que le fantôme de l'état actuel, ce qu'est le corps astral par rapport au corps charnel. Aussi l'on se tromperait fort si, pensant à cet âge, on se figurait par exemple que le cristal de roche était, à cette époque, cette matière dure et pourtant transparente, aux molécules étroitement pressées dans un ordre géométrique parfait, que nous admirons aujourd'hui.

Le globe A, point de départ de la spirale cyclique qui fait en ce moment le sujet de notre étude, est un lieu de progrès aussi bien que les autres globes formant les échelons successifs de la spirale. Car ne perdons pas de vue ce point principal qu'il y a toujours un progrès réalisé quand il y a eu passage d'un monde dans un autre.

Il y a progrès, mais progrès d'un genre particulier, c'est-à-dire dans l'involution, quand la matière éthérée, subtile, prend de la consistance, quand les molécules qui composent un corps se transforment, se rapprochent, se resserrent au point de donner à ce corps, dureté, épaisseur, poids.

Puis il y a progrès nouveau, mais dans l'évolution, quand cette matière épaisse, compacte, s'éthérise, quand après un constant labeur les molécules qui la composaient se sont affinées au point d'arriver à la plus grande subtilité.

Donc l'involution, ou descente de l'esprit

dans la matière, était un progrès, car les dernières phases, les plus hautes de l'évolution, ne pourraient se produire si la Monade spirituelle ne trouvait pour ses efforts un champ matériel sur lequel elle pût travailler à opérer sa complète transformation.

De ce que nous avons dit il ressort que le règne végétal ne peut se développer, ne peut succéder au règne minéral, émaner de lui, sans une aide du dehors. Cette aide c'est l'impulsion de vie extérieure ; et pour prendre un point de repère, plaçons cette impulsion initiale sur le globe A.

Alors se manifeste la vie minérale sur cette planète. Ce règne y commence son évolution qui, arrivée par la suite à son apogée, aura ainsi préparé la voie à l'apparition du règne végétal.

Mais sur la planète A, le minéral, en parcourant son petit cycle planétaire, ne peut évoluer que dans une certaine mesure, et, ce maximum une fois atteint, la vie minérale s'écoule, se déverse sur le globe B. Sur B, le minéral parcourt son premier petit cycle pendant que sur A, une seconde phase d'évolution progressive minérale se produit. Pendant qu'un troisième degré d'évolution s'élabore sur A, un second se montre sur B et le premier degré commence sur le globe C. Et ainsi de suite jusqu'au globe G. Arrivée à ce ce point, l'évolution du minéral est complète puisqu'elle a accompli son grand cycle et parcouru la ronde des mondes : le minéral est donc apte à passer dans le règne végétal ou mieux, les forces minérales sont devenues dignes d'animer les végétaux,

Comme pendant le parcours du Grand Cycle ou de la chaîne des mondes par le règne minéral, le globe A n'a cessé de progresser dans sa lente évolution, il se trouve tout prêt à recevoir les forces végétales, quand celles-ci viendront, poussées par une nouvelle impulsion de vie, sur le premier globe A pour y construire et y développer les formes inter-

LA CHAÎNE PLANÉTAIRE.

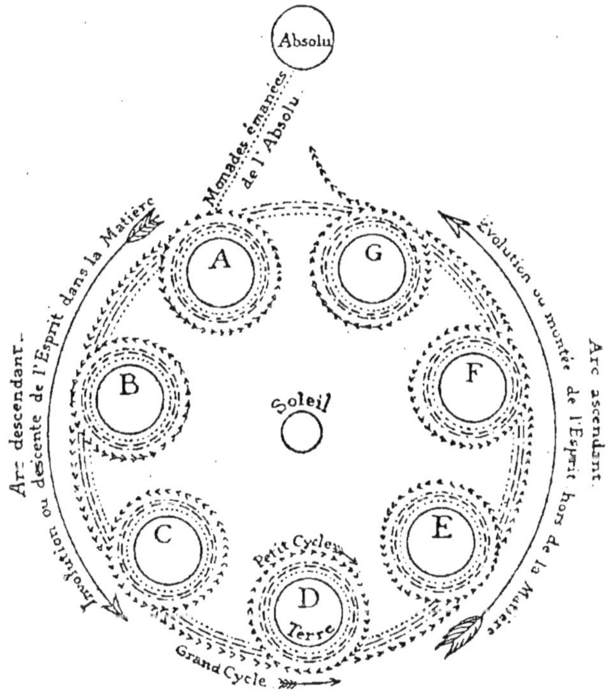

...... Évolution du Minéral,
- - - -   du Végétal,
-.-.-.-   de l'Animal,
>>>>>>   de l'Homme.

médiaires servant de transition entre le minéral et la plante.

A partir de ce moment, suivez à travers la
chaîne planétaire le règne des végétaux et
vous le verrez s'engager dans la même voie
que le règne des minéraux.

Ces formes embryonnaires passeront de
planète en planète jusqu'au moment où,
ayant évolué leurs formes supérieures, tous
les esprits végétaux attendront la vague de
vie qui les emportera sur le globe A, où, alors,
apparaîtront d'informes animaux.

Répétez encore une fois pour le règne animal les tours de spirale sur chaque planète
jusqu'à la fin de la chaîne et vous arriverez au
singe dont la forme évoluée va recevoir sur
le monde A la Monade humaine. Un grand
pas est donc fait dans l'Évolution, l'homme
commence à être, à vivre.

Il résulte de ceci qu'une impulsion de vie
qui se manifeste sous une forme quelconque
doit parcourir plusieurs fois, sous cette

forme, la chaîne du système des mondes avant de toucher le point de perfection qui va lui permettre d'évoluer sous une forme plus élevée, car les spirales constituant le chemin qui relie une éternité à une autre sont disposées par *plans* ou couches et le minéral, le végétal, etc., doivent traverser toutes ces couches, avant de pouvoir passer d'un règne dans un autre.

Ajoutons que les atômes individuels de cette gigantesque impulsion de vie, les Monades spirituelles, ne peuvent compléter leur existence minérale sur le globe A. Sur le globe B elles avancent, mais elles ne sont mûres pour la transformation végétale qu'après avoir fait le tour de toutes les planètes enfouies dans la profondeur du minéral. Ce n'est donc qu'après des tours et des retours dans tous les règnes et sous toutes les formes qu'enfin elles peuvent arriver, ces Monades, à animer l'homme rudimentaire.

Voyons maintenant ce que fait cet homme

rudimentaire qui vient de paraître sur le globe A ; sur ce globe où toutes les choses semblent être comme les fantômes, les ombres des choses qui leur correspondent ici-bas.

Cet homme rudimentatre entreprend sa pénible descente dans la matière : les tournées cycliques planétaires ont commencé, et, à chaque nouveau grand cycle, une nouvelle impulsion de vie se manifeste, le trop plein des planètes s'écoule de l'un à l'autre, et des races d'hommes s'établissent avec différents degrés de perfection sur toutes les planètes tour à tour.

Mais les rondes, tournées ou cycles, sont bien plus compliqués que ces lignes ne peuvent le faire supposer. Il ne s'agit pas pour la Monade spirituelle de passer d'une planète sur une autre, après un petit cycle, mais il lui faut bien des fois répéter la même expérience pour avancer de quelques pas.

Il lui faut s'incarner dans des races d'hommes successives, elle doit même subir plusieurs incarnations dans chaque grande race. Et ceci nous explique ces immenses différences intellectuelles et morales qui existent chez les hommes, en même temps que le mystère de la différence non moins grande de bonheur, de bien-être que nous voyons établie entre les membres du grand corps humain.

Tout ce qui a un commencement défini a une fin. Comme nous avons montré que les procédés d'évolution que nous venons de décrire ont pris naissance au moment où certaines impulsions commençaient leur action, il est évident que ces causes opèrent en vertu d'un but à atteindre et qu'elles arrivent à une consommation finale ou conclusion.

Ainsi qu'on peut le voir par la place occupée par la Terre, dans la chaîne planétaire, l'homme, tel que nous le connaissons, n'est encore qu'à moitié chemin du procédé évolutionnaire auquel il doit son développement présent. La différence entre l'homme actuel et l'homme des destinées futures sera aussi grande que celle qui existe entre le premier et l'anneau manquant. Cette transformation des petits hommes de nos jours en des êtres si supérieurs se fera même sur cette terre, pendant que, dans les autres mondes, des séries ascendantes, des pics plus élevés de perfection doivent être escaladés par les humanités qui les habitent.

L'homme doit faire sept fois le tour de la chaîne planétaire ; en autres mots, la complète évolution de l'humanité demande sept rondes. Nous sommes à présent dans la quatrième ronde. Mais l'entité individuelle ne fait pas une simple visite de cérémonie à chaque planète pour passer ensuite à la planète suivante. Sur chaque planète il y a sept grandes races de l'humanité qui successivement naissent, prospèrent et périssent : ceci veut dire qu'il y a sept culminations de développement sur chaque planète. Mais chacune de ces grandes races se divise en sept branches et chacune de ces branches a sept rameaux. Chaque entité individuelle doit s'incarner au moins deux fois dans chacune de ses subdivisions de races : de telle sorte que chaque Monade est soumise à environ huit cents incarnations sur chaque planète. La majorité d'hommes vivant aujourd'hui appartient à la cinquième grande race. Les Aryens asiatiques appartiennent à la première branche de cette race, tandis que nous, Européens, appartenons à la cinquième branche.

Après chaque incarnation de l'individu vient une période où il reçoit, dans un monde éthéré, la récompense de ces actes. Ce monde éthéré présente plusieurs états dont les extrêmes sont le *Dévatchan* et l'*Avitchi*, correspondant à peu près à nos idées du ciel et de l'enfer, avec cette différence cependant qu'il s'agit ici d'un état et non d'un lieu.

L'*Avitchi*, cependant, ne reçoit que les aristocrates du Crime, les êtres que l'on peut comparer moralement au Satan de Milton ; les autres

11.

pécheurs expient leurs fautes dans leur prochaine incarnation selon la loi de *Karmâ* que nous expliquerons dans un autre chapitre.

Le *Dévatchan*, lui, n'est que l'état de repos et de récompense qui succède aux luttes, aux douleurs et aux travaux de chacune de nos existences transitoires.

Ainsi que nous l'avons déjà dit, le Dévatchan n'est pas un lieu c'est un état ; aussi l'a-t-on appelé le monde des effets, en opposition à la vie terrestre qui est le monde des causes, puisque nous recueillons, dans l'état dévatchanique, le résultat des efforts que nous avons faits et du développement psychique auquel nous avons atteint. En un mot, c'est l'heure de la moisson, et chacun y moissonne ce qu'il y a semé pendant le cours de son existence terrestre.

Tout ce que nous avons rêvé, pourvu que notre rêve soit élevé et légitime, s'y trouve réalisé : tous ceux que nous avons aimés, de l'amour le plus tendre, le plus passionné sont là près de nous et ne nous quittent plus.

C'est un état purement subjectif mais non un état d'isolement, puisque l'âme, pure et dégagée des liens du corps, se retrouve là au milieu de tout ce qu'elle a aimé et désiré ; mais si tout est paix et bonheur dans le Dévatchan, l'intensité et la durée des jouissances varient selon les individus et leurs mérites. Le ciel atteint par une individualité est exactement adapté à ses capacités, car le ciel est sa propre création, l'œuvre de ses aspirations et de ses facultés.

Nous terminerons ce chapitre par un tableau de l'homme dans les sept rondes qu'il fait autour de la chaîne planétaire. Dans la première ronde, il est relativement un être éthéré, comparé à ce qu'il est maintenant, pas intelligent mais semi-spirituel, c'est-à-dire ayant le don de l'intuition. Son corps est très grand et informe.

Dans la deuxième ronde, il est encore gigantesque et éthéré. Cependant le corps commence à se condenser, mais l'intuition prime toujours l'intelligence.

Dans la troisième ronde, son corps est compact et a, au début, plutôt la silhouette d'un singe gigantesque que d'un homme ; l'intelligence prend ici l'ascendant sur l'intuition.

Dans la quatrième ronde il est ce que nous sommes.

Dans les cinquième, sixième, et septième rondes, l'humanité poursuivra sa marche ascendante vers la spiritualité absolue pour arriver enfin à la connaissance parfaite et le repos sublime dans le *Nirvana*.

X

LA RÉINCARNATION

Au début même de ce sujet de la réincarnation nous nous trouvons aux prises avec une difficulté sérieuse. Comme toutes les autres parties de la doctrine ésotérique, quand on la considère isolément, non seulement elle ne paraît pas susceptible de preuves satisfaisantes mais encore cherche-t-on sa raison d'être. C'est seulement quand on l'examine comme partie intégrante du système complet que sa place et fonction dans le Schème de l'évolution humaine deviennent apparentes et que les arguments en sa faveur peuvent être mis en avant et les arguments contraires repoussés avec quelques chances du succès.

L'idée mère de la réincarnation est la persistance, à travers une succession de vies physiques, de l'unité de conscience, de la Monade individuelle et spirituelle. Cette idée soulève immédiatement deux questions. Premièrement : quelle est la relation entre cette unité de conscience et l'homme tel que nous sommes habitués à l'observer et à l'étudier sur la terre ? Deuxièmement : pourquoi cette Monade, une fois qu'elle s'est débarrassée des liens terrestres, vient-elle s'y soumettre de nouveau ? Bref, qu'est-ce qui se réincarne et pourquoi la réincarnation est-elle nécessaire?

Nous avons vu que l'*âme humaine* fournit le point de contact, le champ de bataille pour la lutte entre les aspects les plus élevés et les plus bas de la nature de l'homme. Il est donc assez naturel que nous y trouvions le point de séparation entre la personnalité transitoire et l'individualité permanente — en tant que dure la période de l'évolution humaine. Nous employons ici les mots *personnalité* et *individualité* d'une manière quelque peu arbitraire, mais nous y sommes forcés sans quoi il serait bien difficile de faire une distinction satisfaisante entre les deux aspects de la connaissance — de — soi humaine ; au reste nulle confusion n'est possible si l'on veut bien se rappeler que par l'*individualité* nous désignons l'« Ego », qui habite successivement plusieurs personnalités distinctes.

A la fin de chaque vie terrestre, l'homme laisse derrière lui, d'abord, le corps matériel, lequel, avec le principe vital et le double astral, est désintégré, et devient capable d'entrer dans de nouvelles combinaisons.

L'homme reste alors avec ses quatre principes plus élevés, lesquels, pendant un temps donné, peuvent être considérés comme constituant une entité en partie consciente. Il est clair, cependant, que par la perte du corps le

quatrième principe a été privé de sa faculté
d'activité objective et qu'il ne pourra plus, en
conséquence, avoir une existence continue, à
moins de pouvoir, d'une manière ou une autre,
s'attacher à la matière. De l'autre côté, la
nature spirituelle de l'homme est rendue plus
libre par l'absence du corps; il lui devient
possible de se débarrasser du quatrième principe emportant avec soi la partie la plus
élevée de l'âme humaine, tandis que la partie
la plus matérielle se dissipe avec le quatrième
principe. De cette manière la personnalité se
trouve complètement dissoute, et le « Karma »
qui a été engendré pendant la vie écoulée
s'attache à l'indivualité entrant dans le Dévatchan.

La doctrine de la réincarnation implique
donc que l'homme habite la chair non pas
une fois seulement, mais plusieurs fois.
L' « Ego » interne, indestructible, revient
sans cesse vers la vie terrestre, chaque fois
dans une race, une famille et une condition

différentes, de telle sorte qu'il est confronté
successivement avec toutes les formes d'épreuves et d'expériences, s'assimilant l'essence de
chaque incarnation et émergeant finalement
avec la connaissance parfaite de l'humanité et
un caractère arrivé à la suprême perfection.
L'homme alors ne représente pas mille
hommes confondus en un seul, mais un seul
homme ayant vécu mille vies. De même que
le voyageur qui parcourt le monde en tous
sens apprend à connaître les particularités de
chaque région et de chaque peuple, tout en
gagnant de la souplesse et de la vigueur d'esprit comme résultat de ses voyages, ainsi
l'« Ego » apprend à connaître l'humanité en
s'identifiant pendant un certain temps avec
toutes les branches et il ne devient pas un
Chaldéen, un Romain, un Français ou un An-
glais, mais un Homme. Et de même que le
voyageur demeure tantôt sous une tente, tantôt dans un palais, tantôt dans un hôtel, dans
une chaumière, sans jamais considérer ces

demeures successives que comme des pied-à-terre provisoires ; ainsi, aussi, l'« Ego » habite des demeures corporelles provisoires comme artisan, prince, esclave ou savant, chaque état n'étant que la reliure d'une vie simple, aucun n'étant une partie réelle de l'Être qui les survit à tous.

Mais dans l'homme il y a plus que la science, il y a l'émotion. Si nous scrutons les variétés de circonstances humaines, nous verrons combien le champ de cette émotion chez un individu donné est restreint. L'étendue maxima de cette condition se trouve atteinte quand l'individu est enfant, père ou mère, époux ou épouse, parent, patriote et philanthrope. Peu répondent à tous ces caractères et il est évident que nul ne peut être à la fois père et mère, époux et épouse, frère et sœur. Or, pour comprendre chacun de ces états, il faut les subir tous et c'est ainsi que le long chemin que poursuit l'individualité évoluant, traverse chaque zone de sexe, de parenté, d'affinité, de sentiment et de devoir, pas un type d'emplacement humain n'étant omis, pas une phase de l'affection humaine n'étant manquée. Un des arguments théologiques en faveur de l'incarnation divine est basée sur l'hypothèse assez plausible que sans l'expérience des souffrances et joies de l'Humanité, Dieu ne pourrait la comprendre. D'où, disent les théologiens, la nécessité de l'Homme-Dieu, du Christ. La doctrine contenue dans cette thèse peut ainsi se résumer : nul ne peut comprendre ce qu'il n'a pas subi. Si elle est vraie, elle montre la nécessité d'une incarnation Divine; mais elle montre aussi la nécessité des réincarnations humaines. Ici, comme sur bien d'autres points, l'« orthodoxie » se fond dans la Théosophie et nous saisissons cette occasion pour faire remarquer que la Théosophie ne tend pas à annihiler le chrétien mais à le rendre conséquent.

Pour nous résumer, comment devons-nous répondre à ceux qui nous demandent la preuve de la doctrine de la réincarnation ? La preuve positive ne peut être donnée ; pas plus que les Chrétiens ne peuvent donner une preuve positive de leur ciel, ni les matérialistes de leur négation de la vie positive.

Mais lorsque nous considérons la réincarnation comme une partie intégrante d'un schème d'évolution, remplit-elle ou ne remplit-elle pas d'une manière adéquate une place entièrement vide, et offre-t-elle une interprétation rationnelle de certains mystères autrement inexplicables ?

Les Théosophes répondent à cette question par un oui emphatique. En premier lieu, cette théorie cadre admirablement avec la nature double de l'homme, généralement admise ; secondement, elle admet la possibilité de la conquête de soi, dont la nécessité, quoique dogmatiquement niée par certaines écoles, est cependant reconnue par presque tous les penseurs ; troisièmement, elle ne se trouve pas en conflit, mais s'accorde avec les conclusions scientifiques touchant l'atavisme ou l'hérédité ;

et, finalement, ce système se trouve d'accord avec l'idéal le plus élevé de la Justice Divine, au point de vue de la punition et de la récompense, ou, pour mieux parler, leurs valeurs équivalentes que nous désignerons sous les noms de cause et effet répondent aux mêmes besoins de justice à l'égard du mérite ou démérite des hommes, tandis que le Dévatchan répare les injustices fortuites de la vie terrestre.

Il ne nous reste qu'à répondre à l'objection courante, qui consiste à dire que nous n'avons aucun souvenir de nos vies précédentes.

En premier lieu, cette objection peut être retournée contre nos adversaires et nous pouvons leur demander : « comment pouvez-vous affirmer d'une manière positive que nous n'avons aucune mémoire de nos vies antérieures sur d'autres plans d'existence? Ce que nous appelons *l'intuition*, n'est-ce pas le souvenir de connaissances acquises, consignées dans l'Individualité permanente qui est nous-même et nous élève à son niveau ? Devons-nous nous attendre à ce que le souvenir des événements de la vie d'une personnalité disparue reste avec « l'Ego » quand nous voyons que, même dans l'état de Dévatchan, venant immédiatement après la mort de cette personnalité, la mémoire n'est plus qu'un songe et ne se rapporte qu'à un seul côté de la vie ? »

Cependant il ne faut pas croire que le souvenir des vies passées soit entièrement détruit. Chaque vie laisse son empreinte en détail sur la lumière astrale, et, à ceux qui peuvent y lire, il est donné de connaître le passé et l'histoire de leurs propres expériences. Mais il faut conquérir la sagesse comme préliminaire indispensable à ce pouvoir ; car les maux d'une seule vie sont généralement tout ce que l'on peut supporter. Que serait-ce donc si l'homme était obsédé par le souvenir de tout le mal qu'il a fait ou des maux qu'il a soufferts depuis le commencement de sa carrière de responsabilité ?

La qualité et la durée de chaque vie dans le Dévatchan sont variables et différentes. On n'a pas beaucoup révélé à ce sujet et la question n'est, du reste, pas d'une importance capitale. Quand les forces qui y maintiennent l'individualité se sont épuisées et quand le procédé de consolidation est achevé, « l'Ego » disparaît du Dévatchan et se réveille dans une nouvelle existence matérielle, dans ce monde ou dans un autre.

Les eaux de Léthé, le fleuve de l'oubli ont passé sur lui et il reparaît un étranger dans ce monde qu'il connut si bien jadis. Une autre incarnation s'est faite : une autre incorporation de l'Individualité — Une dans la longue série des personnalités qu'elle doit habiter dans le cours de son évolution. La mort et la naissance, la naissance et la mort, se répétant à l'infini, poussent l'être vers l'époque où la mort ne sera plus, parce que tout ce qui était aura passé.

Des considérations de ce genre, unies aux

croyances traditionnelles des temps histo-
riques et à l'influence constante mais invisible des adeptes, ont fait croire fermement à la
réincarnation par une grande partie du monde
intelligent, à toutes les époques, sauf en Occident dans notre ère. Mais, même ici, on semble
vouloir faire revivre la vieille croyance et les
Théosophes saluent cette aube, non seulement
parce que la vérité vaut toujours mieux que
l'erreur, mais parce que cette vérité particulière contient une valeur salutaire, une
influence bienfaisante, une impulsion morale
qui hâteront l'avènement de l'Age d'Or.

XI

LE KARMA

Le Karma — qu'on devrait prononcer Keurma,
— est une doctrine excessivement simple;
c'est la doctrine de la justice parfaite, inflexi-
ble. Le mot a deux sens : il signifie d'abord la
loi de la causalité éthique — on récolte ce
qu'on a semé; mais il signifie aussi le bilan du
mérite ou du démérite d'un caractère individuel quelconque. C'est ainsi que, suivant le
premier sens, nous disons que le Karma d'un
homme est formé tous les jours de sa vie.

Cette proposition qui avance que « chacun
de nous reçoit exactement ce qui lui est dû »

s'appuie également sur la raison et la justice. L'instinct religieux, cependant, se conforme dans ses théories, moins à ces principes qu'au sentiment, et il est essentiel que toute doctrine, pour se faire agréer par la foule, fasse quelques avances au sentiment.

Le Karma, c'est l'action. Cette loi de Karma est le véhicule de la récompense aussi bien que de la punition. L'homme qui, à présent, jouit de la fortune et de toutes ses aises, les a obtenues au moyen du Karma ; le savant qui a acquis des connaissances transcendantes les doit au Karma ; le malheureux qui vide le calice amer dans une vie misérable ou manquée s'est attiré ce sort par le Karma. Magallana, le plus grand disciple de Bouddha, fut tué par des voleurs au moment où sa vie semblait la plus utile ; c'était un effet de Karma. La mère heureuse qui a vu ses enfants grandir autour d'elle comme des beaux rejetons aimés et respectés de tous, doit à sa vertu d'être une favorite de Karma ; tandis que sa misérable sœur, ayant vécu dans la honte et la débauche, meurt en maudissant le ciel, qui n'en peut mais, puisqu'elle ignore l'effet du Karma inexorable. Le monde lui-même tourne dans son orbite, entraîné de plus en plus dans la grande orbite du soleil ; il vieillit à travers les cycles, change d'apparence et viendra se ranger sous des lois et des états de matière dont nous ne pouvons nous faire une idée : c'est là le Karma du monde ; tôt ou tard, tout en tournant dans son orbite, il changera l'emplacement de ses pôles et transportera les barrières de glace dans un été éternel — le Karma du monde et de ses habitants.

Il ne faudrait cependant pas supposer que les circonstances d'une vie, à un moment donné, indiquent d'une manière précise son mérite en ce moment même. Les bons se trouvent souvent dans l'adversité et les méchants exultent sur les cimes du bonheur. De ce que Tibère fut un empereur et Epictète un esclave, il ne s'ensuit pas que nous connaissions le mérite du souverain ou du philosophe. La loi Karmique s'affirme à travers des incarnations nombreuses, couvrant de vastes espaces de temps; elle ne peut être interprétée au moyen de chaque incident isolé d'une vie, mais elle est juste pour chaque incarnation en particulier et pour la somme des incarnations dans leur totalité. Tibère fut atrocement malheureux sur son trône et Epictète heureux sous ses haillons.

Car cette loi Karmique a une action complexe.

On peut dire d'une manière générale que ce sont les actes les moins importants qui ont un effet immédiat, ce sont des traites à brève échéance: Un mot vif, un accent hargneux réagit immédiatement sur l'individu qui les émet. Le bon sens populaire l'explique du reste en disant que, dans ces cas, *on se fait du mauvais sang*. Mais les actes d'héroïsme ou les grands crimes ne sont pas toujours soldés dans une même incarnation. De même que dans une journée de n'importe quelle existence les événements secondaires épuisent vite leur influence qui disparaît avec le premier sommeil, tandis que les événements importants gardent leur influence pendant des années et moulent pour ainsi dire la vie; ainsi en est-il des nombreuses incarnations qui ne constituent en somme qu'une seule vie réelle; les forces moindres peuvent compléter leur action pendant la vie qui les a créées, tandis que les forces supérieures, non dispersées dans les intervalles entre les incarnations, ne s'épuisent qu'au bout de longs espaces de temps et dans les circonstances les plus dissemblables. Car, dans le schème universel, le temps n'est rien et le droit est tout.

Nous pouvons à présent nous rendre compte de l'influence qu'exerce la qualité morale d'une incarnation sur la qualité physique de l'incarnation suivante.

Quand les procédés dévatchaniques ont accompli leur mission et que le temps est arrivé, pour une nouvelle naissance de l'« Ego » dans la vie matérielle, tous les éléments de son compte Karmique se réunissent pour établir le bilan qui doit être mis à son crédit ou débit dans sa personnalité nouvelle. Avec une précision mathématique, ces éléments indiquent exactement l'âge, la race, le pays, la famille et l'embryon dans lesquels l' « Ego », s'incarnant de nouveau, doit entrer et, quand le moment est arrivé, la loi s'accomplit.

La loi de Karma peut être appelée la loi de la Conservation de l'Energie sur le plan moral et le plan spirituel de la nature. Si la loi Karmique est considérée sous le rapport de récompense ou de punition, on trouvera que les deux phases ont pour objet distinct le même but : la sujétion, l'éradication de la nature inférieure de l'homme pour faciliter l'union finale de l'esprit individualisé avec la Vie Une. La manifestation de l'esprit dans la nature inférieure de l'homme est absolument nécessaire pour sa croissance subséquente et sa conversion dans l'Esprit Divin, et c'est pen-

dant sa manifestation dans l'âme humaine —
le cinquième principe de l'échelle septénaire
— que la loi Karmique opère.

Le Karma résulte de ce qui est connu sous
nom de Libre Arbitre, et c'est seulement quand
le Libre Arbitre entre en jeu, par suite de la
connaissance du bien et du mal, que le Karma
commence à exercer une influence tendant
vers les manifestations supérieures de l'esprit.

Tout esprit est une potentialité parfaite.
L'esprit d'un homme vaut celui d'un autre,
mais les manifestations de l'esprit peuvent
être bien plus élevées chez l'un que chez
l'autre. Pourquoi cette différence de degré
dans la manifestation? Pourquoi trouve-t-on
chez un homme la pratique de pensées nobles
et d'actes purs, tandis que chez un autre nous
trouverons la pratique de tout ce qui est vil et
bas? Cependant les deux esprits sont également parfaits! N'est-ce pas parce que le premier a déjà appris la leçon de la vie, tandis
que le dernier est seulement en train de l'ap-

prendre? Il est dit que nous connaîtrons toutes choses; mais, avant de connaître, il faut apprendre, et il y a plusieurs manières d'apprendre. Beaucoup de science s'acquiert par l'expérience personnelle et celle-ci est souvent fort difficile; la science s'acquiert aussi par l'assimilation de l'expérience des autres et aussi par l'analogie ou encore par l'intuition, le messager des états supérieurs, qui communique avec l'homme dans les sphères élevées de spiritualité. Ce que nous sommes sur cette terre nous avons appris à l'être ou dans cette vie ou dans une vie antérieure sur cette terre. Si notre esprit se manifeste dans une vie noble et pure, c'est que nous avons bien appris notre leçon et que, de plus, nous nous approchons du Divin, d'où découle tout bien. Ceci c'est la *récompense*.

Mais où en sont ceux qui se trouvent encore sous le joug de leur nature inférieure? Ont-ils appris leur leçon ou sont-ils en train de l'apprendre? Il paraîtrait qu'ils sont en train d'apprendre et, bien que l'école soit sévère, encore faut-il qu'ils se soumettent à sa discipline s'ils veulent progresser ; car la loi est ainsi faite et nul n'est au-dessus de la loi. Leur condition actuelle est l'effet de causes engendrées dans une vie ou des vies antérieures, car le bon ou mauvais Karma d'une vie ne s'épuise pas au cours d'une seule existence.

Apprendront-ils en fin de compte ? La Nature est bonne ; le temps et l'occasion leur seront offerts, mais s'ils persistent dans leur course descendante, alors, finalement, viendra-t-il un moment où leur esprit ne pourra plus remonter — faute d'ailes. Mais admettons qu'ils apprennent et qu'ils progressent ; comment alors procèdent-ils ? Ce qu'il y a de bien certain, c'est qu'ils ne doivent compter que sur leurs propres efforts. Chacun répond pour soi, mais pour soi seulement. Une loi cruelle me direz-vous. Oui, quand on la combat, mais douce, bienfaisante et juste quand on s'y conforme. Quand nous voyons un homme sur le bord d'un précipice et qu'il s'obstine absolument à se jeter en bas, faut-il l'en empêcher de force? Ne serait-ce pas créer une confusion entre l'effet et la cause? Cette intervention atteindrait-elle le désir qui gît derrière l'acte et l'inspire? Les plus grands criminels qu'il y ait aujourd'hui sur la terre n'ont peut-être pas encore commis le moindre crime, mais ils en ont *pensé* d'atroces, ils en ont voulu d'abominables et, par un effet de Karma, ils accompliront dans une autre vie les méfaits qu'ils ont couvés en celle-ci. Certes nous pouvons et devons montrer à nos frères de l'humanité leurs fautes et leurs erreurs et leur indiquer la voie de salut à suivre ; mais s'ils persistent à vouloir quand même le mal, c'est que la force qui les pousse vers le mal est irrésistible et que leur Karma demande qu'ils en fassent la triste et cruelle expérience. Ceci, c'est la *punition*. La punition n'existe que dans un but de réformation et d'instruction et non autrement. Les profondeurs de souffrance, de misère et de dégradation auxquelles descendent les âmes, presque invariablement ont pour résultat une influence bienfaisante. Du fond d'un puits on voit les étoiles quand on ne les aperçoit pas de la surface de la terre.

L'opération de la loi Karmique est souvent entourée de mystère, mais ce n'est pas là une raison suffisante pour nier sa justice absolue, en tous temps, en toutes circonstances et en tous lieux.

Deux enfants sont nés des mêmes parents, l'un, physiquement parfait, entrant dans la vie et la traversant dans un nimbe de bonheur : l'autre, né contrefait ou avec des germes de maladie dans le sang engendrant une vie de torture. Comment concilier avec les idées de justice le bonheur de l'un et le malheur de l'autre, de ces deux êtres *innocents*, — pour employer un terme courant — car nous venons de voir que l'enfant qui vient au monde peut être déjà un criminel endurci ? Si l'on essayait de résoudre le problème que nous venons de poser, avec les matériaux que l'on peut rassembler concernant les deux individus pendant leur court passage en ce monde, évidemment nous ne pourrions rien comprendre au bonheur de l'un et au malheur de l'autre. Nous attribuons les choses au hasard, à la chance, à je ne sais quoi encore. Or le hasard et la chance sont des mots creux, sans signification réelle : car le hasard, la chance, n'existent pas. Tout en ce monde est régi par une loi inexorable depuis le vol du moineau jusqu'au nombre de nos cheveux, comme l'a fort bien dit le Christ dans un langage exotérique dont on s'est plu à dénaturer le sens.

Ces deux enfants, nés des mêmes parents, mais ayant comme santé, comme intelligence, comme beauté physique et morale un sort si différent se sont déjà manifestés dans bien d'autres personnalités et pendant cette suite de vies antérieures, ont engendré des effets, produit du bon et du mauvais Karma dont ils jouissent ou souffrent dans leur incarnation actuelle.

C'est seulement par la lumière de la loi Karmique que nous pouvons comprendre l'inégalité et l'apparente injustice des différentes phases de la vie ; c'est grâce à cette admirable loi que l'homme peut juger sainement son environnement actuel et saisir le comment le pourquoi de la vie.

Ce ne sont pas les parents qui impriment aux enfants des traits personnels ou caractéristiques dans n'importe quel genre ; ils ne sont que les ponts sur lesquels l'esprit traverse le gouffre qui le sépare de la vie objective et reprend la filière de ses nombreuses incarnations.

Il n'existe aucun défaut dans la loi de Karma, mais il n'en est pas de même de notre manière de comprendre cette loi et ce serait lui enlever ses principaux attributs si l'homme, dans son ignorance, avait le pouvoir de contrôler son action selon ses propres faibles conceptions.

13

XII

LA SOCIÉTÉ THÉOSOPHIQUE

La Société Théosophique a été fondée à New-York en 1875 par madame H. P. Blavatsky et le colonel H. S. Olcott.

Le but de la Société est triple :

1° — La formation d'un noyau de Fraternité universelle de l'humanité, sans distinction de race, de croyance, de sexe, de caste ou de couleur.

2° — L'étude des littératures, religions et sciences aryennes et orientales.

3° — L'étude des lois inexpliquées de la

nature et des pouvoirs psychiques latents dans l'homme.

Pour atteindre ce triple but, la Société Théosophique tient des réunions nombreuses où elle expose dans l'intérêt des chercheurs sérieux les vérités vitales et essentielles touchant la vie passée, présente et future, connaissances qu'elle considère comme indispensables pour le bonheur, le développement et le progrès de l'homme.

« Nulle religion n'est plus élevée que la vérité » est la devise de la Société ; et le but de tout vrai Théosophe est d'arriver à la conquête de la vérité sous toutes ses formes, dans toutes ses phases, non seulement pour son propre bien mais aussi afin de pouvoir disséminer la vérité autour de lui.

Le Théosophe ne cherche nullement à déranger ceux qui sont satisfaits de leur croyance actuelle, quelle qu'elle soit ; il ne se pose pas, non plus, en adversaire de dogmes ou de fois quelconques, estimant non sans raison

que les adhérents à ces dogmes ou à ces fois
font en ce moment l'expérience qui leur convient et que, plus tard, quand leur éducation
spirituelle aura atteint un niveau plus élevé,
ils viendront chercher les vérités dont ils
auront besoin et que la Théosophie seule peut
leur donner.

Tout en conservant cette attitude de neu-
tralité vis-à-vis de toutes les croyances et
sa sympathie pour tout effort de l'homme
collectif ou individuel vers un but supérieur,
la Théosophie prétend que ceux qui, après
avoir essayé des divers systèmes de religion
et de philosophie sans résultat satisfaisant,
sans trouver un aliment pour leur fringale
spirituelle, que ceux-là allant à la dérive sans
boussole, sans gouvernail même, trouveront à
cueillir dans ses enseignements des relève-
ments qui leur permettront de reprendre
hardiment leur course, à l'abri du naufrage. A
ceux-ci nous disons : étudiez la Théosophie,
portez-y votre esprit critique, ne lui épargnez

aucune investigation, examinez-la à la loupe, au microscope et si, après avoir fouillé dans ses moindres recoins, vous trouvez quelque chose qui ne vous paraît pas clair, ne craignez pas de l'annoncer au grand jour : la Théosophie ne craint pas les critiques des gens de bonne foi. Le jour où l'on pourra prouver aux Théosophes que leur doctrine est fausse ils seront les premiers à remercier ceux qui leur auront enlevé leurs illusions; mais nous avons quelques bonnes raisons pour croire que ce jour n'est pas prêt de poindre. Le vrai Théosophe cherche en un mot les vérités, non pas les mensonges; les faits, non pas les ombres.

Comme nous tenons qu'une seule et même vérité se trouve contenue dans toutes les croyances et philosophies et que tous les systèmes religieux doivent leur existence à cette seule et même vérité dont ils ne sont que la manifestation exotérique ou extérieure; et comme, d'un autre côté, nous jugeons que les hommes choisissent la philosophie ou la religion qui conviennent à leur état d'évolution spirituelle, il est évident que nous considérons tout prosélytisme agressif comme une faute grave, comme un procédé empreint de coercition ayant un caractère de violation de domicile, d'intervention dans le domaine de la liberté individuelle et du libre arbitre. C'est pourquoi nous pratiquons la tolérance la plus large envers toutes les religions et demandons simplement, en échange, que l'on veuille bien nous traiter de même.

Nous montrons la lumière, c'est aux autres de la regarder et d'en prendre leur part, si tel est leur bon plaisir. La Théosophie voudrait attirer l'attention de tous les croyants sur l'élément de vérité qui est contenu dans toutes les religions et qui constitue la pierre angulaire de toutes les fois, plutôt que de substituer à ce qui est déjà connu une autre phase de la même vérité : en autres mots, nous ne voulons pas qu'on change de religion pour le simple plaisir de changer. La Théosophie plane au-dessus de toutes les religions et les contient toutes, parce qu'elle est l'essence même de toutes les religions, la sève dont elles se nourrissent et sans laquelle elles ne pourraient exister.

Nous dirigeons l'attention de ceux qui veulent étudier la Théosophie vers la littérature orientale où ils trouveront, consignés par les sages de l'antiquité, beaucoup de faits pouvant jeter une lumière éclatante sur les problèmes physiques et psychiques qui paraissent ardus aux savants de nos jours. En effet, aux hommes d'autrefois beaucoup de secrets de la matière étaient connus et couchés sur des annales authentiques qui nous ont été transmises, sinon toujours comprises par les traducteurs modernes, auxquels manquait la clé, le mot de l'énigme. Cette littérature devient de jour en jour plus accessible aux chercheurs sérieux, avides de s'instruire.

La Théosophie n'est pas une philosophie

éphémère et creuse, mais la sagesse raffinée quintessenciée des âges, et elle demande, pour être comprise, une étude approfondie. Les Théosophes sont toujours prêts à aider ceux qui voudront bien s'aider eux-mêmes. Mais celui qui entreprendrait cette étude dans un autre but que la recherche de la vérité qui convient le mieux à son état de développement et au bien être de ses frères de l'humanité, ferait mieux de la laisser de côté, de passer outre.

La Théosophie a pour but d'augmenter la somme des connaissances et du bonheur humains. Les membres de la Société Théosophique s'engagent à une vie d'où sera exclu tout sentiment égoïste. Le trait principal de la Société Théosophique est, en effet, la réalisation de l'idée de la Fraternité universelle, dont le point culminant est l'amour et la charité.

La Théosophie nous apprend à agir, à évoluer, à créer plutôt que de nous contenter de contempler, de recevoir, de recueillir, d'affirmer. Elle ne nous offre pas un chemin semé de roses vers la science, mais seulement le moyen de lutter contre nos appétits et passions, de supporter sans murmure les épreuves et les tribulations ; le moyen de persévérer et de se sacrifier pour arriver à la sagesse.

La Société Théosophique n'a pas été fondée dans le but de satisfaire des aspirations individuelles, et celui qui n'a pas dans son cœur l'étincelle de sympathie nécessaire pour l'unir par un lien de fraternité intellectuelle avec ceux qui luttent pour le bien de l'humanité, pour ses frères, fera bien de ne pas s'enrôler dans ses rangs, il n'a rien à y faire. La simple curiosité est loin d'être un motif suffisant pour être reçu parmi nous ; il faut à nos membres des qualités d'un ordre quelque peu supérieur. L'acquisition des connaissances et pouvoirs occultes est une question qui regarde chaque individu : la Société ne s'en mêle pas. Elle n'est pas une école d'occultisme où l'on peut apprendre, par exemple,

H. P. Blavatsky

à séparer son corps astral de son corps visible.

La croyance dans la réincarnation et le Karma n'est pas indispensable pour devenir membre de la Société. Ces croyances sont considérées comme des vérités qui se feront peu à peu jour dans le cerveau de ceux qui se livreront à l'étude de leur nature spirituelle.

Ainsi que nous l'avons dit, au début de ce chapitre, la Société Théosophique a été fondée à New-York en 1875 par madame H. P. Blavatsky et le colonel H. S. Olcott.

Madame Blavatsky est certainement une des femmes les plus extraordinaires de notre époque. Comme connaissances, science et courage moral et physique, elle est sans rivale. Ses facultés psychiques ont fait dès son enfance l'étonnement de tous ceux qui l'approchaient. Elle a beaucoup voyagé et même une grande partie de ses aventures et expériences sembleraient incroyables si elles n'étaient empreintes du sceau de la vérité. Sa nature

H. S. Olcott

complexe, ses dons remarquables, sa tenacité dans ses entreprises en font une figure peu commune. Mais, au-dessus de ces qualités qui peuvent à la rigueur rentrer dans le domaine vulgaire, elle en possède d'autres d'un ordre bien supérieur qui touchent au surnaturel et que nous avons ailleurs décrites comme appartenant aux Adeptes.

Ce sont ces dons maintes fois mis à l'épreuve et surabondamment certifiés qui ont fait de madame Blavatsky un centre d'intérêt pour tous ceux qui s'intéressent à la Théosophie et aux sciences ésotériques.

Le colonel Olcott nous présente un autre caractère bien trempé, lui aussi. Ancien officier de l'État-major américain, puis avocat, journaliste, homme de lettres et homme du monde accompli, il sacrifia tout, son pays, sa position, ses relations, ses plus chères habitudes pour se donner tout entier à l'œuvre qu'il s'était désignée. Il fut choisi par les Maîtres pour présider aux destinées de la

Société Théosophique et il a établi son quartier général à Adyar, près de Madras, dans l'Inde où se trouve le siège principal de la Société Théosophique qui compte aujourd'hui plus de deux cents branches, réparties sur la surface du globe, dans toutes les parties du monde.

Il nous reste maintenant à décrire certains signes employés par la Société Théosophique connus sous le nom de *pantacles*, c'est-à-dire de figures synthétiques renfermant toute une série d'enseignements.

Le pantacle de la Société Théosophique reproduit dans le diagramme ci-contre représente :

1° A l'extérieur et comme délimitation un serpent qui se mord la queue;

2° Dans la bouche du serpent, une figure cruciale;

2° Au centre de la figure, la croix ansée;

4° Entre la figure et le serpent, deux triangles.

entrelacés formant le « Sceau de Salomon. »

Le serpent désigne le mouvement circulaire fixant les limites dans lesquelles se meut librement l'individu. Il est aussi considéré comme la représentation de l'*Akasa* ou de la *lumière astrale*.

Quant aux deux triangles ils indiquent les deux courants de *l'involution* et de *l'évolution* ou la *nature naturante* et la *nature naturée* ; le triangle ascendant est l'image du feu c'est-à-dire la Force et le triangle descendant est l'image de l'eau, c'est-à-dire de la Matière.

Le centre du cachet représente la croix ansée des Égyptiens, c'est-à-dire l'image de l'homme. La figure crucéole placée dans la gueule du serpent représente l'influence de l'Humain dans le Divin, c'est-à-dire le retour de la Matière à l'Esprit universel par l'intermédiaire de l'homme.

Or ces symboles mystiques correspondent à leur tour, avec trois lettres qui forment le mot mystique de l'Inde ॐ AUM, la Divinité.

Nous avons déjà cité la devise de la Société Théosophique : सत्यात् नास्ति परो धर्मः, *Satyat nasti paro dharmah*, ce qui, traduit du sanscrit en français, veut dire que « *nulle religion n'est plus élevée que la Vérité.* »

C'est là une fière devise, bien digne de la belle doctrine dont j'ai essayé, dans ces pages, de vous donner une faible idée.

FIN

TABLE DES MATIÈRES

ÉMILE COLIN — IMPRIMERIE DE LAGNY

DU MÊME AUTEUR

UN AMOUR DANS LE MONDE, un volume grand in-18 jésus, sur papier
de Hollande. . . . . 3 fr. 50

PRÈS DU GOUFFRE, un volume in-18 jésus . . . . 3 fr. 50

MÉMOIRES D'UN GOMMEUX, un volume in-18 jésus, illustré par
Durandeau, Bertall, Randon, Stop, Lafosse . . . 5 fr. »

SAMPIERO, un volume in-18 . . . . 3 fr. 50

LETTRES D'UN YANKEE, un volume in-18, illustré par G. Lafosse. . . . . 5 fr. »

AVENTURES DE NABUCHODONOSOR NOSEBREAKER, un volume in-18,
illustré par G. Lafosse . . . . 5 fr. »

MÉTAMORPHOSES DE FIERPÉPIN, un volume in-18, illustré par
Blass . . . . 5 fr. »

LES FACÉTIES DE TROGNEVILLE, un volume in-18, illustré par
Uzès. . . . . 5 fr. »

BERNARD DE VENTADOUR, roman héroïque, illustré par Bara-
bandi, 1 vol. . . . . épuisé

LE MISOGYNE, étude de mœurs, 1 vol. . . . . . épuisé

NOS ÉCRIVAINS, un volume in-18, orné de 156 portraits d'auteurs.
Prix . . . . 5 fr. »

ÉMILE COLIN. — IMP. DE LAGNY.

9 782019 969981